1231

Das Buch

Mit Haien tauchen, sich über zweihundert Meter tiefe Schluchten schwingen, im Eissee baden – der ProSieben-Abenteuerreporter Harro Füllgrabe macht das, was sich fast niemand traut.

Seine Reportagen für das Wissensmagazin *Galileo* führen ihn durch Deutschland und durch die ganze Welt – und dabei schont er sich nicht. In Brasilien schwimmt er quer durch den Amazonas, in Peru tanzt er sich mit Schamanen in Ekstase – und liefert Essen aus in Mumbai. Er testet die härtesten Gefängnisse, fährt über die gefährlichsten Straßen und läuft in Pamplona den Stieren davon.

In diesem Buch erzählt er offen und humorvoll von Glücksmomenten, Desastern und Mutproben – vom Alltag eines Abenteuerreporters.

Der Autor

Harro Füllgrabe, geb. 1975 in Aurich, wuchs in Argentinien und Ostfriesland auf, studierte Sportpublizistik in Köln. Er lebt in München, ist aber fast immer unterwegs auf der Suche nach neuen Abenteuern für die ProSieben-Sendung *Galileo – Mission Wissen Weltweit*. Außerdem moderiert er zusammen mit Britt Hagedorn die Sat.1-Spielshow *Mein Mann kann*.

Harro Füllgrabe

Mission: Abenteuer

Als Extremreporter um die Welt

Kiepenheuer & Witsch

Verlag Kiepenheuer & Witsch, FSC® N001512

1. Auflage 2011

© 2011 ProSieben www.prosieben.de
Lizenz durch MM MerchandisingMedia GmbH
www.merchandisingmedia.com
© 2011, Verlag Kiepenheuer & Witsch, Köln

Umschlaggestaltung: Rudolf Linn, Köln
Umschlagmotiv und Fotos Innenteil: © Harro Füllgrabe
Copyright Weltkarte: © Andreas Haertle – Fotolia.com
Foto S. 115: © Oliver Korać
Gesetzt aus der Galliard
Satz: Buch-Werkstatt GmbH, Bad Aibling
Druck und Bindearbeiten: CPI – Clausen & Bosse, Leck
ISBN 978-3-462-04363-1

Inhalt

AFRIKA

EUROPA

ASIEN

AUSTRALIEN

Vorwort

Viele werden jetzt bestimmt denken: »Na toll, wieder so ein Typ, der kurz nachdem er sein Gesicht in eine Kamera gehalten hat, meint, ein Buch schreiben zu müssen … womöglich wird er demnächst auch noch anfangen zu singen!« Und ich muss leider sagen: »Es stimmt!«

Zunächst war das Ganze aber völlig anders geplant: Da ich für die »Mission Wissen Weltweit«-Reisen (Pro Sieben/Galileo) sehr viel um die ganze Welt fliegen durfte, war ich natürlich nur selten zu Hause und weit von meiner Freundin, meinen Eltern und Freunden entfernt. Ich verbrachte mehr Zeit in Hotels, Fliegern und in anderen Ländern als in den eigenen vier Wänden. Dazu kam, dass die von uns gefilmten Abenteuer erst noch zusammengeschnitten werden mussten, bis man sie dann endlich im Fernsehen sehen konnte.

Wie war es da möglich, all diejenigen, die mir nahe standen, über mein Leben auf dem Laufenden zu halten? Sie sollten doch wissen, wie es mir geht, was ich denke und fühle! Dank der modernen Technik war die Antwort schnell gefunden: E-Mails!

Ich raffte mich also nach jeder noch so anstrengenden Episode noch mal auf und schrieb zum Teil bis spät in die Nacht meine Erlebnisse nieder, um sie dann bei nächster Gelegenheit via Mail zu versenden – dazu war eine Internetverbindung nötig, die es aber natürlich nicht immer gab. Ist ja auch ein bisschen unrealistisch, zum Beispiel auf 5000 Metern Höhe in den Anden von Peru auf ein Signal zu hoffen. Ich sammelte und schickte, sammelte und schickte.

Mir war dabei wichtig, dass ich die Erlebnisse so schnell wie möglich aufschrieb, damit die frischen Eindrücke nicht verloren gingen. So kam mit der Zeit eine ganz ansehnliche Sammlung von spannenden, zum Teil ekligen oder einfach atemberaubenden Abenteuern zusammen. Dinge, von denen man entweder schon immer geträumt hat oder aber Albträume bekommt ...

In Aurich, meiner Heimatstadt in Ostfriesland, wurde ich immer gefragt, ob ich nicht der Sohn des stadtbekannten Weltenbummlers Gerd Füllgrabe sei?

Meine Antwort war: Ja!

In der Schule wurde ich gefragt, ob ich nicht der Sohn des Oberstudienrats Gerd Füllgrabe sei?

Ja!

Selbst beim Fußball, den ich lange Jahre mit Begeisterung und – wie ich glaube – auch gar nicht so schlecht gespielt habe, wurde ich gefragt, ob ich nicht der Sohn von ... ?

Ja!

Dank Galileo wird er nun gefragt, ob er nicht der

Vater dieses Galileo-Extremreporters Harro sei, der weltweit auf Abenteuerjagd geht!

Jaaaaaa!

Vor einigen Jahren hat mein Vater ein Buch geschrieben. Und dann noch eins. Ein Buch ... Sollte ich es wirklich wagen?

Ich dachte nach. Und dann noch mal – verwarf die Idee, kramte sie wieder hervor, verwarf sie wieder ... ich konnte mich einfach nicht entscheiden.

Letzten Endes war es dann die Frau eines Freundes, Barbara, die den Ausschlag gab, die besten Geschichten als Buch herauszubringen. Sie arbeitete damals bei einem Verlag und hatte sich mit der Zeit durch all meine Geschichten gelesen. Sie war begeistert. Da sie durch ihren Job so allerhand Bücher auf ihren Schreibtisch bekam und somit sicherlich gute Vergleichswerte hatte, glaubte ich ihr einfach, als sie sagte, dass es viel zu schade sei, diese Geschichten nur meine engsten Freunde lesen zu lassen.

Deshalb gibt es nun das Buch. Aber singen werde ich nicht. Versprochen!

Viel Spaß!

SÜDAMERIKA

Die Götter sind auf unserer Seite

Scherentänzer in Trance

Peru

Eines meiner beeindruckendsten Abenteuer beginnt um halb vier Uhr morgens mit dem Klingeln des Weckers. Vor dem Hotel in Lima wartet Andres Lares. Er will mit uns hinauf in die Anden fahren. Auf der Fahrt stockt der Motor immer wieder und spuckt schwarze Rauchwolken aus, aber er hält durch und nach vier Stunden erreichen wir unser Ziel, die Passstraße Abra de Anticona im südlichen Andenhochland, auf einer Höhe von 4818 Metern. Hier verläuft auch die Trasse der Peruanischen Zentralbahn, der höchsten Eisenbahnlinie der Welt. Steif und müde klettern wir aus dem Wagen und folgen Andres zu einer kleinen Gruppe wartender Männer.

Carlos, Lucio und Jaime sind mit einem anderen Wagen gekommen und begrüßen uns herzlich. Zusammen mit Andres sind hier jetzt zwei »Danzantes de Tijeras« (Scherentänzer) und zwei Musiker versammelt. Andres spielt die Geige, Jaime die Harfe, Carlos und Lucio werden tanzen. Die »Danza de Tijeras« ist ein Schamanentanz, bei dem die Tänzer mit einer Art Schere in den Händen zum Rhythmus der Musik klappern.

An einem See, von hohen, schneebedeckten Gipfeln umgeben, finden wir den idealen Ort für die Filmaufnahmen. Jetzt kann es losgehen. Carlos, der als »Danzante« den Künstlernamen »Llaspa« trägt, soll mich in die Hintergründe des sagenumwobenen Tanzes einführen, dessen Ursprünge weit in der Vergangenheit liegen. Schon zu Zeiten der Inkas sind Scherentänzer durch die Anden gezogen und haben mit ihren Ritualen die Götter der Berge, des Himmels und von Mutter Erde um ihre Unterstützung gebeten.

Carlos und Lucio ziehen sich um und stellen sich in ihren traditionellen Gewändern an den Straßenrand. Auch die beiden Musiker, Andres und Jaime, streifen ihre Ponchos über. In ihren weißen Kostümen, die mit knallbunten Stickmustern, Kordeln und Pailletten versehen sind, fallen sie in der kargen Hochanden-Landschaft sofort auf. Alle, die an dieser kleinen Truppe vorbeifahren, hupen ihnen freundlich zu, winken oder halten sogar an, um ein Foto mit ihnen zu machen. Bis heute genießen die Scherentänzer höchstes Ansehen in der Bevölkerung – sie sind richtige Heilige.

Nachdem wir die Begrüßungsszene abgedreht haben, reicht mir Llaspa ein buntes Tuch, welches er in landestypischer Weise zusammengeschnürt hat: als traditionellen Tragebeutel, einem Rucksack nicht unähnlich, in welchem die Opfergaben für die Götter transportiert werden. Wir marschieren los, immer in

Richtung der schneebedeckten Berggipfel, die steil vor uns in den klaren blauen Himmel ragen. Andres geht mit seiner Geige voraus, gefolgt von Llaspa, dann komme ich, nach mir Lucio, der andere Tänzer, und Jaime, der seine mannsgroße Harfe mitschleppt. Wir klettern auf über 5000 Meter Höhe und bereits nach kurzer Zeit hechle ich wie ein Mops mit Asthma. Der Kameramann trägt keuchend die knapp 14 Kilogramm schwere Kamera und macht immer wieder halt, um Bilder von unserer kleinen Karawane zu machen.

Schließlich gibt Carlos ein Zeichen und bittet uns, stehen zu bleiben. Nun gilt es, den idealen Ort für die Opferzeremonie zu finden. Diese muss an einem Fels stattfinden, es soll jedoch keine große Erhöhung sein, da man den Göttern seine Unterwürfigkeit zeigen will und sich nicht mit ihnen auf eine Stufe stellen darf. Nur so seien die Götter einem gewogen. Als die perfekte Stelle gefunden ist, darf ich meinen Rucksack abstellen und die Opfergaben ausbreiten: eine flache Lehmschüssel, in der das rituelle Feuer entzündet werden soll, eine Mischung aus verschiedenen Kräutern, Duftholzspänen und weihrauchartigen Harzen, außerdem einige größere Holzscheite, deren Duft an Räucherstäbchen erinnert. Und zu guter Letzt noch eine große Flasche mit verdammt starkem Zuckerrohrschnaps und eine Flasche Wein, filterlose Inka-Zigaretten und selbstverständlich jede Menge Kokablätter.

Nachdem er einen Becher mit dem Zuckerrohrschnaps gefüllt hat, taucht Carlos alias Llaspa seinen Finger hinein und schnippt ein paar Tropfen in jede Himmelsrichtung. Das sei für die Götter, sagt er und kippt einen Teil des Schnapses auf den Boden: »Das ist für Mutter Erde!« Er verneigt sich vor der bedrohlich wirkenden Kulisse der Berge und trinkt den Rest. Dann füllt er den Becher erneut, reicht ihn hinüber und bedeutet mir, es ihm gleichzutun. Als ich zum Trinken ansetze, spüre ich schon an dem intensiven Duft des Zuckerrohrschnapses, dass das jetzt wirklich hart wird. Ich kippe, schlucke – und ringe hustend nach Luft. Junge, das Zeug ist wirklich stark! Ich habe das Gefühl, dass mir der Alkohol sofort in den Kopf steigt. Die dünne Luft macht die Sache nicht besser. Das Opfer wird noch drei Mal vollzogen. Und obwohl ich aufpasse und die Menge sehr vorsichtig dosiere, spüre ich die unheimliche Wirkung dieses Opfertrankes: Meine Sicht ist vernebelt, ich torkle, als ich den Becher weitergeben will, und muss grundlos grinsen. Die Redakteurin und der Kameramann raten mir, nicht so viel von diesem Teufelszeug zu trinken, aber was soll ich machen? Hier heißt es ganz oder gar nicht! Entweder ich werde wirklich Teil dieses Schamanenkults oder ich kratze nur an der Oberfläche. Ich mache weiter!

Nun soll ich meine Hände zu einer Schüssel geformt vor mir halten, denn Llaspa schüttet mir einige Kokablätter hinein. Er liest mir die Zukunft aus den in meinen Händen liegenden Blättern. Sein Mienenspiel scheint zu besagen, dass bei mir so weit alles ganz gut aussieht.

Die Kokablätter haben eine dunkelgrüne Oberseite und eine etwas hellere Unterseite. Liegen die Blätter überwiegend mit ihrer dunklen Seite nach oben in den offenen Händen, ist das ein gutes Zeichen. Sind jedoch mehr helle Unterseiten zu sehen, sieht die Sache anders aus. Außerdem gibt es da noch so etwas wie Lebenslinien und Schicksalslinien. Das habe ich aber alles nicht mehr so richtig verstanden, denn kurz danach muss wieder ein Alkoholopfer erbracht werden – mein mittlerweile viertes.

Als Nächstes stopfen wir uns die Kokablätter in den Mund und zerkauen sie, schlucken darf man sie allerdings nicht. Nachdem die Blätter zu einer Art Brei zerkaut worden sind, werden sie in eine Backentasche geschoben und dort immer wieder mit Speichel vermischt. Der Speichel sorgt dafür, dass die Wirkstoffe der Pflanze herausgespült und aktiviert werden: Nach einer Weile bewirken sie, dass man Hunger, Müdigkeit und Kälte nicht mehr empfindet.

Außerdem bemerke ich nach einer gewissen Zeit eine leichte Taubheit in Zahnfleisch und Zunge, so wie nach einem Zahnarztbesuch, wenn die Betäubung noch anhält. Getrocknete Kokablätter sollen sehr wirksam gegen die Höhenkrankheit sein, da sie die Sauerstoffaufnahme verbessern. Aus all diesen Gründen werden sie schon seit mehr als 5000 Jahren genutzt.

Dann kommen die filterlosen Inka-Zigaretten ins Spiel. Wie bei einer Friedenspfeife stoßen wir den Rauch in alle vier Himmelsrichtungen und anschließend in Richtung Boden. Für die Götter und für Mutter Erde! Auch an dieses Ritual schließt sich wieder ein Alkoholopfer an. Llaspa beginnt zu lallen, und auch ich bin nicht mehr ganz Herr meiner Sinne. Ich muss jetzt höllisch aufpassen, denn die Arbeit ist noch längst nicht erledigt.

Das Feuer zu Ehren der Götter wird entzündet. Als in der Lehmschale das Duftholz und die Kräuter-Harz-Mischung zu glimmen beginnen, entwickelt sich nach und nach dichter Rauch, der aus der Schüssel in den Himmel steigt. Er duftet angenehm süßlich und soll die Götter und Mutter Erde besänftigen. Jetzt ist das Kokaopfer fällig: Wir spucken die grüne Kokamasse in unsere Hände und werfen sie dann in die Schüssel, die jeder in beide Hände nehmen muss, um den Rauch in alle Himmelsrichtungen steigen zu lassen. Dabei soll der Götter gedacht werden. Nur so kann man sich ihrer Unterstützung sicher sein. Als wir den Topf wieder auf den Boden setzen, steigt der Rauch trotz oder gerade wegen des nun aufkommenden Windes in Richtung der Berge auf. Ein gutes Zeichen! Die Götter sind auf unserer Seite!

Nach einem erneuten Alkoholopfer gräbt Llaspa unmittelbar unter dem großen Felsen mit seiner Schere ein Loch in den Boden, um den letzten Opferritus vorzubereiten. Wir haben kurz zuvor aus dem großen Haufen Kokablätter die schönsten und saubersten herausgesucht. Sie dürfen nicht beschädigt sein und auch sonst keinen Makel aufweisen: Vollkommenheit ist hier verlangt. So manches Blatt, das ich zu Beginn für würdig befunden habe, findet keine Gnade vor den Experten und wird wieder aussortiert. Nach einiger Zeit aber habe ich es raus und kann mich an dem Auswahlverfahren beteiligen.

Als wir zwölf perfekte Blätter bestimmt haben, legen wir sie in das ausgehobene Loch. Paarweise angeordnet, sollen sie die Gegensätze der Andenwelt symbolisieren: Himmel und Erde, Schwarz und Weiß, Feuer und Wasser.

Wir fügen vier Inka-Zigaretten hinzu und opfern den ebenfalls mitgebrachten Wein. Jeder muss mit dem vollen Becher in Richtung Berggipfel prosten, mit dem Finger wieder ein paar Tropfen in die vier Himmelsrichtungen schnippen und dabei ein persönliches Gebet sprechen, mit dem wir den Beistand der Götter erbitten. Ich ahne bereits, was als Nächstes kommen wird. Und tatsächlich: Wir gießen ein wenig Wein aus dem Becher in die vier Ecken des Lochs – und müssen auch den Rest wieder opfern, indem wir ihn trinken.

Nachdem wir dieses Ritual hinter uns gebracht haben, geht es weiter in Richtung See. Inzwischen hat der Wind zugelegt, Wolken bedecken den vorher stahlblauen Himmel, und es ist deutlich kälter geworden. Doch von alldem merken wir kaum etwas: Wir müssen die Götter wirklich mit unserer Opferbereitschaft überzeugt haben.

Was dann kommt, ist in der Tat beeindruckend. Als die spanischen Eroberer vor 500 Jahren die erstaunlichen akrobatischen und magischen Fähigkeiten der Tänzer sahen, vermuteten sie sofort einen Pakt mit dem Teufel. Sie nannten die Scherentänzer daher auch »Supaypa wawan«, Söhne des Teufels, und den Tanz entsprechend »Supay Wasi Tusak«, Tanz im Hause des Teufels. Die Scherentänzer wurden verfolgt und hingerichtet, doch die christlichen Eroberer scheiterten mit all ihren Versuchen, diese uralten Traditionen auszurotten: Zu tief waren sie in der Kultur der Anden

und im Bewusstsein ihrer Bewohner verwurzelt. So suchte und fand die Kirche einen Ausweg: Die »Danzas de Tijeras« sollten nun zu Ehren Jesu stattfinden – an Karfreitag, dem Todestag Christi. Die heidnische Tradition lebte somit weiter, jetzt allerdings unter dem Mantel des Christentums.

Als wir am See ankommen, merke ich, dass ich richtig einen sitzen habe, denn unsere Redakteurin lässt mich die Moderationen nun gleich mehrmals machen, da sie der Ansicht ist, ich würde lallen, und sie hat natürlich recht! Auch Llaspa scheint die Geister ganz nah an sich herangelassen zu haben, denn er kann inzwischen gar nicht mehr richtig reden. Er stolpert durch die Gegend und bereitet sich auf seinen Tanz und die darauf folgenden »Pruebas de sangre« vor, »die blutigen Prüfungen«, die ein Scherentänzer zu bestehen hat.

Zunächst tanzen Llaspa und Lucio mit ihren Scheren in der rechten Hand den sagenumwobenen Tanz zu den Klängen der Musik, die Andres auf der Geige und Jaime auf der Harfe spielen. Die beiden Tänzer schwingen dabei die 25 Zentimeter langen und knapp ein halbes Kilo schweren Metallstangen, die jeweils mit einem Ring am Ende versehen sind, im Takt der Musik. Das eine Ende wird mit dem Ring über den Daumen gestülpt, das andere mit dem Ring in der Handfläche gehalten. So kreuzen sich die beiden Metallstücke knapp über der Hand und sehen dann aus wie eine überdimensionierte Schere. Die schwungvolle, aber trotzdem melancholische Musik und das helle Klingen der Metallstücke, die die Tänzer den uralten Rhythmen folgend gegeneinanderstoßen, erfüllen die Luft. Lucio ist eindeutig der bessere Tänzer, doch das liegt mit Sicherheit auch an Llaspas körperlichem Zustand. Er hat den Göttern mit Abstand die meisten Opfer dargebracht, vor allem in Form von Zuckerrohrschnaps.

Dann ist es so weit: Die »Pruebas de sangre« beginnen. Jetzt geht alles Schlag auf Schlag. Die Musik steigert sich dramatisch. Llaspa greift in einen Eimer und befördert einen lebendigen Frosch zutage. »Harro!«, ruft er so laut, dass sofort alle nur noch auf ihn blicken. Er hat den Kopf in den Nacken gelegt und hält den Frosch an den Hinterbeinen über seinen weit aufgerissenen Mund. Der Frosch zappelt und schwingt hin und her, dann ist er weg. Llaspa hat tatsächlich den Frosch bei lebendigem Leibe verschluckt! Er tanzt wie in Trance weiter und greift wieder in den Eimer. Diesmal holt er gleich drei Frösche heraus und hält auch mir einen hin. Ungläubig starre ich ihn an. Oh nein!

Er schluckt noch einen, tanzt dann erwartungsvoll um mich herum, lässt sich plötzlich auf alle viere nieder und imitiert einen Frosch. Zitternd halte ich das zuckende schleimige Tier über meinen Mund und … lasse es los! Der Frosch landet in meinem Rachen, zap-

pelt und windet sich. Die Hinterbeine schauen noch aus meinem Mund heraus. Ich versuche zu schlucken, doch nichts geht. Dann ein Würgereiz, ich huste – und der Frosch wird wieder in die Freiheit katapultiert. Ich kann es einfach nicht.

Stattdessen bringe ich lieber ein Alkoholopfer dar. Das fällt mir entschieden leichter.

Dann ist Lucio an der Reihe: Er zieht sich eine Kordel durch die Nase und holt das andere Ende aus seinem Mund wieder heraus, befestigt beide Enden an Andres' Geige, während Jaime weiter auf seiner Harfe spielt. Lucio beginnt sich langsam um die eigene Achse zu drehen, immer schneller werdend. Dabei schleudert er die Geige im weiten Bogen um sich herum, nur gehalten von der aus Mund und Nase ragenden Kordel.

Alles passiert so schnell, so plötzlich, dass es einem fast den Verstand raubt. Der See, die Wolken, der Wind, die schneebedeckten Berggipfel, die Musik, der Alkohol! Nach einer Weile, ich habe inzwischen mein Zeitgefühl verloren, bindet Lucio die Geige los, greift in einen Sack und holt eine gut anderthalb Meter lange Schlange heraus. Eine Boa.

Er nimmt ihren Kopf in den Mund und beißt zu. Dann gibt er sie mir in die Hand, holt ein Messer hervor und trennt mit nur einem schnellen Schnitt den Kopf vom Rumpf. Während sich die Schlange noch krümmt, reißt er ihr die Haut vom Leib, beißt in das warme, noch zuckende Fleisch und reicht sie mir. Ohne nachzudenken tue ich es ihm gleich und beiße hinein.

Was mache ich hier nur? Bin ich wahnsinnig geworden? Die mystische Atmosphäre hat mich völlig in ihren Bann gezogen, ich bin ein Teil dieses ganzen Ritus geworden, bin kein Zuschauer mehr, sondern Teilnehmer! Ich beiße noch einmal in das zähe Fleisch. Bäh! Heute kann ich diese Aktion kaum noch nachvollziehen, geschweige denn erklären, aber ich habe es wirklich getan.

Als ich mich umdrehe, sehe ich, dass Llaspa plötzlich eine lange Leuchtstoffröhre in seinen Händen hält. Während er mich mit blutunterlaufenen Augen anstarrt, schlägt er die Glasröhre mehrmals heftig gegen seinen Kopf. Das Glas zersplittert. Zwei größere Glassplitter bleiben übrig, einen steckt er sich in den Mund und zerkaut das Glas wild grinsend. Blut quillt aus seinem Mund und aus kleinen Schnitten in seinen Lippen. Jetzt reicht er mir das andere Stück. Wieder verdränge ich alle Bedenken – hatte ich überhaupt welche?! Ich nehme den Splitter und stopfe ihn mir in den Mund. Es knirscht laut, als ich zubeiße. Das Glas zersplittert in tausend Partikel.

Was ich da gemacht habe, lässt sich mit gesundem Menschenverstand nicht erklären. Ich war nicht mehr ich selbst und die Faszination hatte über die Vernunft gesiegt. War das Teufelswerk? Auf jeden Fall scheinen die Götter auf meiner Seite zu sein: kein Blut, kein Schmerz! Aber ich habe die Splitter natürlich nicht geschluckt.

Die Musik erstirbt, ich sacke in mich zusammen. Kaputt, erschöpft, völlig fertig. Erst jetzt dämmert mir, was ich da gerade alles angestellt habe. Ich habe versucht, einen lebendigen Frosch zu verschlucken, habe in rohes, pulsierendes Schlangenfleisch gebissen und Glas zerkaut! Diese »Pruebas de sangre« sind wirklich nichts für schwache Nerven.

Nachdem ich im grob geschätzt zwanzigsten Anlauf endlich das Fazit in die Kamera gesprochen habe, ist das Ganze auch offiziell vorbei. Ich spüre das dringende Bedürfnis, mich zu entschuldigen. Aber bei wem? Und warum?

Die »Danzantes de Tijeras« haben mich in eine völlig fremde Welt entführt. So nah bin ich einem mehrere tausend Jahre alten Ritus noch nie gekommen und werde wohl auch so schnell keine vergleichbaren Erfahrungen machen. Es ist fantastisch, in solch tiefe Sphären fremder Kulturen einzutauchen, aber auch beängstigend. Derartige Momente können einen verändern, aber auch für Neues öffnen – der Horizont wird weiter. Ob es das wert war? Eindeutig ja!

Blick in den Abgrund

Die gefährlichste Straße der Welt

Bolivien

Die Nördliche Yungas-Straße hat viele Namen – die meisten verheißen nichts Gutes – El Camino a los Yungas, El Camino de la muerte, La Carretera de la muerte, Ruta de la muerte, oder auf Deutsch: die Straße des Todes.

Die Carretera de la muerte ist der alte Handelsweg zwischen der bolivianischen Hauptstadt La Paz und der nordöstlich gelegenen Stadt Coroico in der gleichnamigen Provinz, sie ist eine der wenigen Verbindungen der Hauptstadt zum Amazonas-Regenwald im Norden Boliviens. Auf einer Länge von 60 Kilometern überwindet die Straße des Todes über 3000 Meter Höhenunterschied – höchster Punkt ist der La-Cumbre-Pass (4650 Meter). Wer diese spektakuläre Strecke heil zurücklegt, durchquert dabei auf den verschiedenen Höhenstufen fast alle Klimazonen Südamerikas: vom feucht-warmen tropischen Regenwald in den Tälern über kalte und dürre Regionen bis hin zu Eis und Schnee auf der Höhe des Passes.

Wir fahren von La Paz aus los. Die Landschaft ist atemberaubend schön. An den steilsten Abhängen der Anden schlängelt sich die enge Straße über zahllose Serpentinen entlang. Leitplanken oder Zäune gibt es hier nicht. Gebaut wurde die Carretera de la muerte in den Dreißigerjahren von paraguayischen Strafgefangenen. Immer wieder fragen wir uns: Wie um alles in der Welt haben es diese Menschen geschafft, diesen Weg in die senkrecht abfallenden Steilwände zu schlagen? An manchen Streckenabschnitten öffnen sich neben uns zweieinhalb Kilometer tiefe Abgründe.

Die einspurige Straße besitzt keinen Belag, wie wir Europäer ihn kennen, sie ist nichts anderes als ein geschotterter Weg. Jederzeit ist aufgrund der starken Erosion mit Steinschlag oder Erdrutschen zu rechnen. Nebel, Regen und infolgedessen ein sehr matschiger Untergrund verschlechtern den ohnehin maroden Zustand der – laut Einschätzung der Inter-American Development Bank – gefährlichsten Straße der Welt.

Bei Gegenverkehr muss man die wenigen Buchten nutzen, die alle 500 Meter auftauchen – auf diese Regelmäßigkeit darf man sich jedoch keinesfalls verlassen. Es ist ein abenteuerliches Unterfangen, wenn einem auf dieser gerade mal drei bis maximal vier Meter breiten Straße ein Lkw entgegenkommt. Vorfahrt hat immer das von unten kommende Gefährt. Das heißt für uns, die wir die Death Road hochfahren: Immer wenn uns ein Fahrzeug entgegenkommt, hält dieses so gut es geht in einer der Haltebuchten und wir müssen nach links ausweichen. Und links bedeutet zum Steilhang hin. An den engsten und gefährlichsten Punkten dieser Ausweichmanöver – wir haben es erlebt! – reichen dann die Reifen bis haarscharf an den Rand der Straße.

Ich schaue aus dem Fenster und kann den Straßengrund fast nicht mehr sehen, neben mir geht es nur noch steil hinab. Mir wird schwindelig, die Knie füh-

len sich butterweich an. Wenn man auf der Straße des Todes fährt, rücken alle Gedanken, Sorgen, all das, was einen zuvor beschäftigt hat, in den Hintergrund. Die Anspannung ist so groß, die Nervosität so erdrückend, der Mund irgendwann so trocken, dass man kaum einen Laut hervorbringt!

Im Jahr 2006 wurde eine neue Verbindungsstraße zwischen La Paz und Coroico in Betrieb genommen, eine sichere und moderne Passage. Auf der Straße des Todes ereignete sich in den Jahren zuvor im Durchschnitt wöchentlich mindestens ein Unfall – und na-

hezu immer mit tödlichem Ausgang. Jährlich starben hier zwischen 200 und 300 Reisende, oft verunglückten Busse, die mit ihren vielen Passagieren in die Tiefe stürzten. Ursachen sind die schlechten Sichtverhältnisse bei nasser Witterung, Fehler der übermüdeten und vollkommen erschöpften Fahrer oder die Drogen: Kokablätter werden hier von allen Fahrern gekaut.

So ist es kein Wunder, dass Hunderte von Kreuzen diese Straße säumen. Besonders gefährlich ist die Strecke, wenn es Nebel gibt und es dabei auch noch regnet. Also wie bei uns heute.

Positiv denken, heißt das Motto: Pech für den Reporter, Glück für den Zuschauer – Nervenkitzel für alle.

Und es gibt ein Happy End: Wir überleben.

Am nächsten Tag geht es auf der Carretera de la muerte von Coroico nach La Paz wieder zurück. Das Daumendrücken hat geholfen: Jetzt haben wir wundervolles Wetter! Die Sicht ist überwältigend, aber sie zeigt uns noch deutlicher die Angst einflößenden Abgründe am Rande der Straße. Immer wieder halten wir an: für Drehstopps und für Fotoaufnahmen einer wunderschönen Landschaft.

Schließlich erreichen wir wohlbehalten La Paz – sogar noch rechtzeitig, um das Finale der Europameisterschaft mitzuverfolgen. Glückwunsch an Spanien! Verdienter Sieg. Ich bin betrübt über die Niederlage, aber die Freude darüber, dass ich diese Fahrt gestern und heute überlebt habe, überwiegt alle Trauer über ein verlorenes Endspiel.

Flucht auf der Kokosmatte

Die Gefangeneninsel Île du Diable

Französisch-Guyana

Warum geht eigentlich jede Reise mit Hektik los? Um drei Uhr nachts aufstehen, duschen, meine im Schlafkoma liegende Freundin küssen, die Tasche schnappen, die Kollegen vom Team abholen und zu guter Letzt noch das Equipment einsammeln. Diesmal sind wir zu viert unterwegs.

Die Dame am Air-Berlin-Schalter ist zwar knallhart, was die Gebühren für unsere zu schweren Gepäckstücke angeht, sie checkt jedoch unser gesamtes Gepäck bis Cayenne durch. Die Firma ist jetzt gute 250 Euro ärmer, aber wir haben dafür beim Umsteigen keinen Stress mit den Koffern. Als wir dann in Paris endlich in unserer Air-France-Maschine sitzen, informiert uns eine Durchsage, dass vier Personen nicht zum Abflug gekommen seien und aus diesem Grund das entsprechende Gepäck ausgeladen werden müsse – der Abflug würde sich um knappe 20 Minuten verzögern.

Acht Stunden später haben wir unser Ziel erreicht.

Als wir das Flugzeug verlassen, hören wir unsere Namen über die Lautsprecher: Wir sollen uns beim Bodenpersonal melden. Oh nein! Ich ahne Schlimmes: Natürlich ist es unser Gepäck gewesen, das in Paris ausgeladen wurde. Diese Air France macht mich wirklich langsam, aber sicher wahnsinnig! Uns wird hoch und heilig versprochen, dass wir unser Gepäck am nächsten Tag bekommen – gegen 18 Uhr! Damit ist klar, dass wir gleich unseren ersten Drehtag verlieren. Also überbrücken wir die Zeit mit Location-Scouting und einigen Landschaftsaufnahmen. Ich hole mir bei dieser Gelegenheit einen fetten Sonnenbrand. Aber immerhin haben wir am Abend endlich unser Equipment beisammen.

Am nächsten Morgen treffen wir uns um Viertel vor sieben mit Pierre, der eigentlich Patrice heißt. Die Geschichten aus dem Französischbuch in der Schule haben sich wohl tiefer in mein Gedächtnis eingegraben als gedacht. Für Vokabeln und Grammatik war dann leider kein Platz mehr. Da ich also schon zu Beginn des Drehs seinen Namen verwechsle, wird er für diesen Film Pierre bleiben. Deshalb hier nachträglich: Pardon, Patrice! Gemeinsam fahren wir zu einem Boot im Hafen von Kourou, das wir gechartert haben, um damit auf die Îles du Salut, die drei Gefängnisinseln, zu fahren. Unsere erste Anlaufstelle ist die Île Saint-Joseph.

1951 wurden die Gefängnisse auf den drei Inseln aufgegeben, und seitdem hat der Urwald sich die französischen Strafkolonien zurückerobert. Die ehemaligen Gefängnisgebäude werden nun von Bäumen, Palmen und Ranken beherrscht. Termiten bahnen sich ihren Weg durch die Zellen, Spinnen bauen ihre Netze zwischen Palmen, Mauerresten und verrottenden Eisengittern.

Riesige Wurzeln zerreißen die Wände und schenken der schrecklichen Kerker-Kulisse auf faszinierende Weise etwas Beruhigendes. Die einzelnen Zellen sind tatsächlich nur drei Meter mal zwei Meter groß und haben wie ein Käfig nur ein Eisengitter als Dach. 50 bis 100 dieser Zellen bildeten einen Gebäudekomplex. In der Trockenzeit schien den ganzen Tag die Äquatorsonne erbarmungslos auf die Gefangenen herab, in der Regenzeit konnten sie der Nässe nicht entkommen. Außerdem gab es Dunkelzellen, in denen manche Sträflinge jahrelang eingesperrt waren – viele überlebten diese Tortur nicht.

Nun packt uns der Ehrgeiz: Wir wollen jetzt auch auf die Île du Diable, die wahre Teufelsinsel, die Insel, die durch die Literatur zu Weltruhm gekommen ist. Doch wir haben dafür leider keine Erlaubnis bekommen. Es ist streng verboten, die Insel zu betreten. Das Verbot gilt für alle: für Touristen, für Privatleute aus der Gegend und natürlich besonders für neugierige Kamerateams. Die Begründung: Spionagegefahr! Nur die Wachsoldaten der Fremdenlegion dürfen auf dieses kleine Eiland. Es heißt, hier würden Teile der Ariane-Raketen gelagert sowie die Raketenstufen, die innerhalb der Atmosphäre ausbrennen und ins Meer stürzen.

Zudem gibt es keine Möglichkeit, mit dem Boot irgendwo anzulegen: Die Uferzone besteht rundherum aus scharfkantigem, zerklüftetem Gestein. Und als ob das nicht genug wäre, wütet rund um die Insel eine äußerst starke und gefährliche Strömung. Doch der Kameramann und ich, wir wollen unbedingt auf diese Insel! Ein Blick, ein kurzes Nicken – und es ist mit dem Kapitän abgemacht. Natürlich hat unsere Redakteurin nichts dagegen.

Wir umrunden die Teufelsinsel und finden eine etwas geschützte Bucht. Hier kann man zwar nicht ankern, doch der Kapitän schafft es dank absolut virtuoser Navigation, das Boot bis auf 50 Meter nah an die Küste heranzubringen.

Wir müssen auf die große Kamera verzichten und nehmen nur die kleine DV-Cam mit. Die Wellen spülen und wirbeln uns durch den felsigen Küstensaum. Wir stolpern, kriechen und rutschen über die Felsen auf das Eiland zu, nach gut 20 Minuten haben wir endlich trockenen Boden unter den Füßen.

Die Insel ist, wie die Île Saint-Joseph und die Île Royale, mit Kokospalmen übersät. Hunderte, nein Tausende von Kokosnüssen liegen auf dem Boden herum, verfaulen oder schlagen Wurzeln. Nach ein paar Metern stoßen wir auf die ersten verfallenen Gebäude. Wir kämpfen uns weiter über die Teufelsinsel und finden unser Ziel: die berühmte Dreyfus-Hütte. Alfred Dreyfus war ein französischer Offizier, der 1894 in Paris zu Unrecht wegen Spionage verurteilt wurde und hier auf der Teufelsinsel im Kerker saß, bis er 1899 begnadigt wurde.

Die Île du Diable ist auch Szenerie des autobiografischen Romans *Papillon*. Papillon – Schmetterling – ist der Spitzname des französischen Schriftstellers Henri Charrière, der zu lebenslanger Zwangsarbeit verurteilt wurde und in *Papillon* seine Gefangenschaft in Französisch-Guayana und seine zahlreichen Fluchtversuche schildert. Am Ende gelingt es Papillon, von der Teufelsinsel zu fliehen.

Wir haben es geschafft, haben unsere Bilder und machen uns auf den Rückweg zu unserem Boot. Niemand hat uns entdeckt! Der Tag ist gelaufen, wir kehren zurück, um uns auf die Nachstellung von Papillons Flucht vorzubereiten, die wir für den nächsten Tag geplant haben.

Tags darauf wollen wir unser Glück vom Vortag nicht noch einmal auf die Probe stellen. Diesmal fahren wir mit dem Boot auf die Île Royale. Diese Insel ist die größte der drei Îles du Salut, sogar ein kleines Hotel ist hier zu finden. Von den Gefängnisgebäuden her ist die Île Royale aber längst nicht so beeindruckend wie die Île St. Joseph oder die Île du Diable, doch hier finden wir die passende Location für unseren Fluchtversuch.

Zunächst sammeln wir jede Menge Kokosnüsse und stopfen sie in einen großen Kartoffelsack. Ich binde den Sack zu und beobachte genau den Verlauf der Strömungen an der Küste. Der Sack soll als eine Art Luftmatratze für die Flucht dienen. Wir wollen also zum einen beweisen, dass die Kokosnuss-Luftmatratze schwimmt und von der Felsküste auf das offene Meer treibt, ohne zuvor an den Felsen zu zerschmettern, und zum anderen, dass sie mich auch trägt. In allen Punkten können wir diese Beweise erbringen: Die Flucht des Papillon-Harro auf dem Kokosnusssack funktioniert tatsächlich!

In der Nachmittagssonne fahren wir mit dem Boot zurück nach Kourou. Der letzte Teil unseres Papillon-Flucht-Mythos soll nun gedreht werden. Diesmal geht es um das Ende des Romans. Die Flucht endet nicht wie im Film mit dem treibenden Kokosnusssack, sondern im Küstenschlamm. In diesem von Mangroven gesäumten Sumpfgebiet findet Papillons Fluchtgefährte den Tod. Er bleibt in dem tückischen Schlamm stecken und ertrinkt in der aufkommenden Flut. Ich kann jetzt bestätigen, dass dieser Schlamm wirklich widerlich ist – und höchst gefährlich! Die Flüsse, die sich aus dem Urwald in Richtung Meer schlängeln, transportieren tonnenweise Sedimente, die sich in den Küstengebieten ablagern und dort unmittelbar vor den Mangroven einen fast unüberwindbaren Sumpf bilden.

Ich muss mich auf dem Kokosnusssack liegend an die Festlandküste treiben lassen und dort versuchen, mich durch den an manchen Stellen bis zu 200 Meter breiten Schlammgürtel zu kämpfen. Kaum habe ich mich von meiner Kokosnuss-Luftmatratze rutschen lassen, da sacke ich auch schon bis zur Hüfte in dem faulig stinkenden Schlamm ein. Es ist die Hölle! Teilweise stecken meine Beine so fest, dass ich sie kaum bewegen kann. Nur mühsam komme ich Stück für Stück voran und bin heilfroh, als ich endlich wieder

festen Boden unter den Füßen habe! Für einen völlig unterernährten, kraftlosen und gerade erst entflohenen Häftling war dieser Küstenschlamm mit Sicherheit eine tödliche Falle.

Was für ein Abenteuer! Meine Flucht war ein voller Erfolg. Nach über drei Stunden Schlammdreh will ich nur noch ins Hotel und ausgiebig duschen. Einzelhaft mit Zimmerservice und Frottee-Handtuch bitte.

Bis an die Grenzen

Dschungelcamp für Fortgeschrittene

 Französisch-Guyana

An diesem Morgen habe ich noch keine Ahnung davon, dass die nächsten 24 Stunden die wohl härtesten meines bisherigen Lebens werden. Wir wollen ins Dschungelcamp der französischen Fremdenlegion. Ein Offizier der *Légion Étrangère* ist unser Verbindungsmann. Sein Rang ist Commandant – das entspricht dem Major bei der Bundeswehr. Er soll uns für die kommenden zwei Tage zur Seite stehen und die nötigen Türen öffnen.

Von Kourou aus müssen wir zweieinhalb Stunden landeinwärts in Richtung der brasilianischen Grenze fahren – gut 200 Kilometer weit durch den tiefsten Dschungel. Anfangs gibt es hier und da noch vereinzelt Hütten oder kleine Dörfer am Wegesrand, doch die letzte Stunde führt uns durch völlig unbewohntes Dschungelgebiet.

»Ihr seid also die Journalisten?«
»Ja!«

»Passieren!«

Unser Commandant schleust uns ohne Probleme durch den Militärposten. Wir erreichen das Ausbildungslager – die »Dschungelkampfschule« – gegen zehn Uhr und sollen zunächst unsere Stuben beziehen. Wie in einer Jugendherberge: ohne eigenes Klo, ohne eigene Dusche und ohne Handtücher, dafür aber mit richtigen Betten und Klimaanlage. Die Legionäre sind unweit von uns in Baracken untergebracht.

Danach geht es zur Offiziersmesse. Diese besitzt eine Bar, eine eigene Küche und eine Veranda, von der aus sich uns ein atemberaubendes Panorama bietet. Da dieses großzügige Gebäude auf einem Hügel errichtet ist, breitet sich zu unseren Füßen die gesamte Pracht des tropischen Regenwaldes aus. Knappe 400 Meter unter uns verläuft ein breiter Fluss.

Der Commandant erklärt uns, dass dieser Fluss die Grenze zum weitläufigen Übungsgelände bildet. Auf unserer Seite das Hauptlager, auf der anderen Seite die grüne Hölle. Dort, in diesem 80 Hektar großen Gebiet, müssen die Legionäre wochenlang mit einem absoluten Minimum an Ausrüstung überleben und dazu noch etliche militärische Aufgaben erfüllen. Fallen bauen, um Tiere als Nahrung zu fangen. Ein Lager errichten. Wasser suchen. Hier, im Hauptlager, werden ihnen dafür die nötigen Grundlagen beigebracht.

Vor dem Mittagessen gibt es für uns eine Führung durch das Lager. Die Baracken der Legionäre sind unglaublich schäbig. Jeweils ein kahler Raum mit Platz für sechs Pritschen. Überall Schimmel. Auch wenn die Legionäre ständig bemüht sind, ihre Wohnstatt sauber zu halten, so gelingt ihnen das nur teilweise. Es ist ein aussichtsloser Kampf gegen die hohe Luftfeuchtigkeit hier. Unter dem Dach dieser Baracken leben Fledermäuse, die – laut Auskunft des Lagerarztes – Tollwut übertragen können. Auf dem Boden liegen Kadaver von faustgroßen Insekten: riesige Käfer! Eine Art, die ich noch nie zuvor gesehen habe.

Dann ist Essenszeit. Wir lassen uns auf der Veranda nieder und warten auf unser Mahl. Mein Blick wandert zu den Legionärsunterkünften. Keine 50 Meter entfernt von dieser schönen Veranda wirkt diese Barackensiedlung noch deprimierender. Wir schlürfen zusammen mit den Kommandanten des Lagers Wein oder Cola und essen frische Pasta mit Rindfleischeinlage. Die Legionäre hingegen müssen sich mit Dosenfutter begnügen und trinken dazu mit Micropur desinfiziertes, braunes Flusswasser.

Jetzt haben wir Zeit bis zum Abendessen um sieben. Sven, ein zwei Meter großer und fast ebenso breiter deutscher Hüne, bringt uns zusammen mit dem Kommandanten und dem Chefausbilder – einem energischen, aber netten Russen – mit dem Boot über den Fluss, um uns die dort hausenden Legionäre zu zeigen. Bei der Überfahrt fällt mein Blick auf Svens tätowierte Unterarme.

Am anderen Ufer angelangt treffen wir auf die ersten Legionäre, besser gesagt auf das, was noch von ihnen übrig ist: Drei Tage sind sie inzwischen ohne Essen, sie haben in dieser Zeit ein Lager für 20 Mann aufgebaut, Wasser organisiert, essbare Pflanzen gesucht und Fische gefangen. Alle Resultate wie zum Beispiel die erbauten

Fallen, Reusen oder Lager werden am Ende von den Ausbildern bewertet. Und da diese Bewertung das Wichtigste für die Gruppe ist, haben sie all ihre verfügbaren Energien in die bestmögliche Bewältigung dieser Aufgaben gesteckt. Dementsprechend sehen diese Gestalten auch aus: eingefallene Wangen, gelbliche Haut und Augen, kaum Fleisch auf den Knochen. Einer hat ein vollkommen zugeschwollenes Auge, zwei, drei andere haben bandagierte Hände. Sie sehen aus, als wären sie nach jahrelanger Haft aus einem Arbeitslager geflohen. Schrecklich!

Ihre aktuelle Aufgabe besteht darin, aus dem, was der Wald ihnen bietet, ein Floß zu bauen. Entscheidend dafür ist natürlich die Wahl von geeignetem Holz und den richtigen Lianen zum Binden. Es gibt – grob vereinfacht – drei verschiedene Holzsorten im Dschungel. Zum einen rotes Holz: Das ist sehr stabil und flexibel, aber schwer, es eignet sich zum Fallenbau, geht jedoch unter wie ein Stein, wenn man es aufs Wasser legt. Gelbes Holz ist stabil und ein bisschen leichter, schwimmt aber nicht so gut. Und weißes Holz: Dieses eignet sich hervorragend zum Floßbau, da es sehr gut schwimmt, weil es sehr leicht ist. Auch bei den Lianen und Palmenblättern gibt es gravierende Unterschiede in der Beschaffenheit. Da muss man also sehr genau Bescheid wissen, welches Material für welche Aufgabe benutzt werden kann.

Nachdem wir alles gesehen haben, machen wir uns auf den Rückweg zum Hauptquartier. Sven zeigt uns den kleinen Privatzoo des Lagers. Er ist hier der Wildhüter und fängt die Tiere im Wald ein. So sorgt er für lebendiges Anschauungsmaterial für die Legionäre. Mithilfe des Zoos ist es möglich, allen Neuankömmlingen die Tierwelt am lebendigen Objekt näherzubringen.

Da gibt es einen wunderschönen 140 Kilogramm schweren Leoparden, Kaimane, mehrere giftige und ungiftige Schlangen, eine sechs Meter lange Anakonda, eine Vogelspinne und noch einiges mehr. Sven holt, bis auf den Leoparden, nacheinander alle Tiere aus ihren Käfigen und zeigt sie mir stolz. Wenn dieser sonst so raubeinige, muskelbepackte und zumeist sehr kurz angebundene Mann über seine Tiere spricht, verändern sich seine Gesichtszüge völlig, und er mutiert zu einem liebevollen und fürsorglichen Tierpfleger. Nach dem Essen gehen wir dann schnell schlafen, am nächsten Tag müssen wir schon gegen fünf aufstehen.

Bei der Drehanfrage hatte uns die Fremdenlegion gesagt, dass ich als Reporter und Moderator gerne von all den Dingen berichten darf, die sich im Lager ereignen. Aber auf die Nachfrage, ob ich auch mitmachen könne, gab es jedes Mal als Antwort ein striktes Nein! Das ist der Stand der Dinge an diesem Morgen – aber es sollte wieder einmal alles ganz anders kommen.

Als wir mit den Booten im Lager der im Urwald stationierten, seit Tagen hungrigen und ausgemergelten Legionäre eintreffen, sind diese mit ihren selbst gebauten Flößen schon auf dem Wasser. Eine Stunde lang werden sie gegen die Strömung anschwimmen, und zwar in voller Montur! Stiefel, Tarnhose, Tarnhemd: Einfach alles müssen sie am Körper tragen.

Der Chefausbilder, der den komplizierten Namen Harro nicht richtig aussprechen kann, nennt mich kurzerhand »Helmut«. Nachdem die Truppe knappe fünf Minuten lang geschwommen ist, fragt er mich, ob ich dazustoßen will. Das lässt sich ein »Helmut« natürlich nicht zweimal sagen! Ich nicke, hechte über Bord und tauche in die braunen Fluten.

Sobald ich das Floß erreiche, gebe ich mein Bestes, um den Jungs bei ihrer Aufgabe zu helfen. Insgesamt sind es drei Flöße à sechs Mann. Ich kämpfe wie ein Seelöwe gegen die Strömung an, und wir schaffen es, das Floß Stück für Stück vorwärtszubringen. Nach und nach lassen jedoch meine Kräfte nach. Schier unglaublich dagegen, was diese unterernährten Jungs nach drei Tagen Dschungel noch alles draufhaben.

Dennoch freuen sie sich über meinen Einsatz. Als wir ans Ufer paddeln sollen, um uns an den dornigen Pflanzen dort weiter gegen die Strömung zu ziehen, bin ich der Erste, der zugreifen muss. Trotz der Dornen zögere ich keine Sekunde: Mein Respekt vor der Leistung der anderen schiebt alle kindische Furcht beiseite: Was sind schon die kleinen Piekser gegen das, was diese Jungs durchmachen müssen?

Wir erreichen das schlammige Ufer und müssen das Floß jetzt wieder auseinanderbauen. Stück für Stück tragen wir die Einzelteile 50 Meter weit in den Dschungel. Ich pfeife wie ein angepiekster Luftballon, doch helfe den Legionären, so gut es geht. Danach geht es im Boot zur nächsten Station.

Ein Orientierungslauf steht als Nächstes auf dem Plan. Fünf festgelegte Punkte müssen allein mithilfe eines Kompasses erreicht werden, den der jeweilige Gruppenführer bei sich trägt. Jede Gruppe hat natürlich ein anderes Ziel, nur der letzte Punkt ist bei allen derselbe. Bevor es losgeht, müssen alle Legionäre in der prallen Sonne antreten. Der Chefausbilder bellt uns einige Befehle und Anweisungen auf Französisch entgegen, die ich nicht verstehe. Ich halte mich einfach an die anderen und tue das, was sie tun.

»En position!« Sofort begeben sich alle in den Liegestütz. Dies ist der häufigste Befehl, den man hier zu hören bekommt. Alle müssen zunächst zehn Liegestütze machen, dann noch mal zehn, dann noch fünf. Aufstehen – und wieder »En position!« – aufstehen – »En position!« – aufstehen!

Jetzt geht es runter zum Fluss. Das sind nur knappe 30 Meter, dafür ist die Strecke aber sehr steil. Im Wasser sollen wir dann in voller Montur abtauchen, dort blubbernd verharren – und auf Kommando wieder hoch zum Exerzierplatz laufen!

»En position!« – zehn Liegestütze – aufstehen – »En position« – aufstehen! Wieder geht es ins Wasser, wieder blubbern, wieder hoch zum Exerzierplatz. Meine Arme und Beine brennen, der Schweiß läuft in Strömen. Das geht fünf, sechs Mal so. Mir wird ein bisschen schwindelig, aber ich halte durch. Jetzt endlich ist es so weit: Der Orientierungsmarsch beginnt.

Fünf Stunden lang wühlen und kämpfen wir uns durch den Dschungel. Die jeweiligen Koordinaten führen uns zu kleinen Lichtungen, die eigens zu diesem Zweck in den Urwald geschlagen wurden. Am Zielpunkt müssen die Funker unsere Position dem Kommandostand durchgeben. Auf jedem dieser Plätze befindet sich ein dreieckiger Stein, in den ein Name eingraviert ist. Natürlich sind diese Namen vorher nicht bekannt, so ist es für den Kommandostand möglich zu überprüfen, ob die Legionäre die richtige Lichtung tatsächlich erreicht haben. Am Ziel angelangt, müssen wir wieder antreten und auf die Befehle des Chefausbilders warten. Doch das dauert.

Erst mal erhalten die Kommandanten und Ausbilder Essen, das aus dem Hauptquartier herangebracht worden ist. Dazu gibt es eiskalte Cola, die provokativ vor den Legionären geöffnet und getrunken wird. Erst danach bekommen auch die immer noch in Reih und Glied stehenden Legionäre den Befehl, Essen zu fassen. Sie müssen natürlich ihr eigenes Dosenfutter zubereiten und das brackige Flusswasser trinken. Dafür haben sie 45 Minuten Zeit. Zum Glück kann ich im Kommandostand essen und kaltes frisches Wasser trinken.

Nach der Mittagspause müssen wir alle wieder antreten und die nächsten Befehle entgegennehmen. Wir laufen einen guten Kilometer durch den Wald, bergauf, bergab, bergauf und wieder bergab – alles natürlich in voller Montur, mit Gepäck und Waffe. Da ich keinen Rucksack, geschweige denn eine Waffe bekommen habe, habe ich es leichter als die anderen, aber es fühlt sich keinesfalls besser an. Ich kann es einfach nicht fassen, wie diese armen Kerle die Energie aufbringen, nach all den Strapazen noch so ein Programm abzuspulen.

Um den anderen zumindest ein bisschen zu helfen, übernehme ich einen 30-Liter-Kanister und trage ihn über die gesamte Strecke bis zu unserem nächsten Ziel: ein Parcours aus mindestens sechzehn Stationen. Der Anblick raubt mir den Atem. Dieser Parcours ist unglaublich. Er besteht aus etlichen Baumstämmen, Tauen und einem großen Netz, in das man sich mithilfe einer lianenartigen Konstruktion aus fünf Metern Höhe hineinschwingen kann. Er hat eine Länge von gut 80 Metern und man darf an keiner Stelle den Boden berühren. An der tiefsten Stelle bewegen die Legionäre sich knapp 30 Zentimeter über dem Boden, an der höchsten Stelle hangeln sie sich in gut sechs Metern Höhe am Seil durch die Luft.

Aber bevor es losgeht, müssen wir alle wieder antreten und auf die Befehle des Chefausbilders warten. Zunächst sollen die Legionäre ihre Rucksäcke abnehmen und ordentlich ausgerichtet vor sich hinlegen. Als alle wieder in Reih und Glied stehen und es mucksmäuschenstill geworden ist, nimmt einer der Ausbilder einen der mitgeführten Wasserkanister und entleert ihn genüsslich. Danach greift er nach dem zweiten Kanister und leert diesen sowie den dritten und letzten. Und dann gibt er uns sieben Minuten Zeit, die Kanister im Fluss wieder aufzufüllen. Wir stürmen los, rennen den etwa 200 Meter hohen Hang hinunter, stürzen uns regelrecht in die Fluten, um die Kanister aufzufüllen. Als wir zurückkommen, lächelt der Ausbilder in die bleichen und völlig kaputten Gesichter.

Er fragt mit gefährlich ruhiger Stimme, ob wir ihn denn verstanden hätten – alle antworten laut im Chor: »Oui, mon Capitan!« Im selben Moment brüllt er los: »Warum habt ihr dann sieben Minuten und zwanzig

Sekunden gebraucht?!« Er befiehlt den nächststehenden Legionären, die Kanister zu entleeren. Wieder geht es den steilen Hang hinunter, wieder haben wir sieben Minuten. Und oben angekommen ist das Lächeln aus dem Gesicht des Chefausbilders verschwunden.

Der schreckliche Befehl ertönt erneut: »En position!« 20 Liegestütze, aber nicht wie vorhin, dieses Mal müssen wir unsere Hände wie beim Beten verschränken und die Liegestütze auf den Knöcheln durchführen. Der Boden besteht aus vielen kleinen spitzen Steinen und Wurzeln, es gibt also keine Chance, eine glatte Auflage zu finden. Man kann sich nicht vorstellen, wie sehr das schmerzt. Ich gebe alles. 4, 5, 6, 7 – Ende! Ich raffe mich wieder hoch, 8, 9 – Ende. Wie weit werde ich gehen können? Noch ist mein Wille stärker als die Schmerzen.

Vor allem da ich die Leistung der anderen so sehr bewundere, will ich nicht aufgeben – wenigstens jetzt noch nicht! Ich beiße die Zähne zusammen und ziehe es durch, so gut es eben geht. In der Zwischenzeit sind schon zwei Mann ausgeschieden: einer ist der mit dem entzündeten Auge. Das ist hier wirklich Wahnsinn! Warum suchen sich diese Männer so einen Job aus?

Jetzt sollen wir in die Hocke gehen – danach wieder: »En position!« – Hocke – »En position!« – Hocke! Nun müssen wir die Hände an die Schläfen halten und in der Hocke hüpfen. So wie die Russen tanzen: zuerst das eine Bein vor, dann das andere – und eins und zwei und eins und zwei ... Ich falle zur Seite und muss kurz durchpusten! Der Chefausbilder kommt heran

und ruft unerbittlich: »Helmut! Allez! Allez!« Also gut, weiter geht's!

Dann ist es endlich zu Ende, wir dürfen aufstehen. Meine Knie fühlen sich an wie Wackelpudding, meine Arme zittern. Wir stellen uns auf und warten wieder auf einen Befehl. Der lautet: »Rucksäcke aufsetzen!« Der Ausbilder entleert die Kanister ein drittes Mal. Ab jetzt, sagt er in einem gefährlich leisen Tonfall, ab jetzt hätten wir fünf Minuten Zeit …

Was? Ich glaube, ich habe mich verhört! Was ist denn das jetzt für eine Schikane?! Das ganze Gerenne noch einmal – und jetzt auch noch mit Gepäck – in fünf Minuten?! Ein Legionär schimpft plötzlich los. Der Chefausbilder reagiert darauf nicht, sondern sagt ganz ruhig: »Ich weiß ganz genau, dass ihr mich hasst und mich jetzt am liebsten umbringen würdet, aber es gibt hier nur eine einzige Regel, die zählt – und das ist mein Befehl. Wenn ich sage, ihr lauft – was macht ihr dann?« Alle antworten im Chor: »Dann laufen wir, Chef!«

»Dann lauft jetzt auch!«

Und wieder geht es den Hang hinunter. Ich will unbedingt helfen, da ich ja keinen Rucksack tragen muss, und renne trotz Schmerzen und leichten Schwindels als einer der Ersten los. Am Fluss angekommen stürze ich ins Wasser und rufe den anderen zu, sie sollen mir die Kanister zuwerfen, dann bräuchten sie nicht die steile Uferböschung hinunterklettern. Gestalten mit dankbaren Gesichtern werfen mir die Kanister zu, und ich fülle sie nacheinander auf. Danach reiche ich sie den Hang hoch. Den dritten und letzten trage ich selbst. Ich habe gerade knappe 80 Meter hinter mich gebracht, da beginne ich auch schon leicht zu schwanken, meine Kräfte sind am Ende. Zwei Kameraden stützen mich und nehmen mir den Kanister ab. Jetzt ist es richtiges Teamwork: Wenn einer nicht mehr kann, übernimmt der Nächste. Wieder habe ich mir ein kleines Stück Respekt erworben, die Jungs lächeln mir zu und klopfen mir auf die Schulter.

Oben angekommen kann ich nicht mehr – mir ist schwarz vor Augen und der Schwindel wird immer stärker. Ich bin fix und foxi. Während die anderen noch zum »Warmmachen« geschickt werden und noch ein paar Übungen machen müssen, streiche ich vorerst die Segel. Ich schnappe mir eine Flasche Wasser und trinke sie fast in einem Zug aus. Ich habe heute bestimmt schon fünf bis sechs davon getrunken! Der Chefausbilder lächelt mich an und fragt: »Hé, Helmut! Ça va?« Ich kann kaum noch antworten – mein schneller und tiefer Atem ermöglicht mir nur Wort für Wort zu stammeln: »ICH – KANN – NICHT – MEHR!«

Nach zehn Minuten kommt er wieder und fragt mich, ob ich wirklich nicht weitermachen will. Ich gönne mir eine kurze Bedenkzeit, dann rappel ich mich auf und folge ihm. Nach einer kleinen Laufrunde – bergauf, bergab, bergauf, bergab, die ich natürlich mehr stolpernd als laufend hinter mich bringe, erreiche ich mit den anderen wieder den Parcours.

Jede Station wird uns gezeigt, jede Technik erklärt. Dann geht es los. Zunächst muss ich über einen vier Meter langen Baumstamm balancieren, dann geht es über ein auf drei Meter Höhe gespanntes, fünf Meter langes Seil – hier muss ich mich entlanghangeln. Von diesem Seil aus muss ich auf ein »Doppelseil« klettern: Das sind zwei parallel gespannte Seile, die mit einer speziellen Technik – einer Art Vierfüßlergang – überwunden werden müssen. Diese Doppelseilstrecke ist ungefähr zehn Meter lang, das Ganze in zwei Metern Höhe. Am Ende muss man auf eine kleine Plattform klettern, von der aus geht es mit einem dicken Tau, mit viel Schwung und vor allem mit Glück in ein fünf Meter entfernt angebrachtes Netz. Von diesem erklimmt man eine weitere Plattform: Hier wartet bereits ein acht Meter langes Tau. Und so geht es immer weiter, von Station zu Station, eine schwieriger als die andere. Mir wird schwarz vor Augen und ich muss kurz innehalten.

»Helmut! Dépêche-toi – beeil dich!« Der Chefausbilder steht unten. Ich bin nun endgültig an meine Grenze gestoßen. Aber noch fehlen zwei Stationen. Was ist das nur für eine Tortur! Dabei habe ich doch bis jetzt alles geschafft. Na ja, fast alles ... Aber jetzt, so kurz vor dem Ende, kann ich nicht einfach aufgeben.

Meine Hände sind eine einzige Blase. Mein Bauch und meine Lendengegend sind durch die Taue wund gerieben und die Muskeln versagen ihren Dienst. Ich bin wirklich fertig. Vor mir baumelt das letzte Tau. Ich muss mich also diesmal hinaufziehen. Beim ersten Teil der knapp acht Meter geht es noch einigermaßen. Aber die letzten vier Meter haben es in sich. Ich komme nur noch mühsam voran, Zentimeter für Zentimeter. Die Kameramänner und die Redakteurin feuern mich noch einmal an. »Komm, Harro! Nur noch drei Armzüge!« Es stimmt, die letzte Plattform ist unmittelbar vor mir, greifbar nah, vielleicht 50 Zentimeter, aber ich komme einfach nicht vorwärts. Ich puste durch, mobilisiere die allerletzten Kräfte – und plötzlich habe ich die erste Hand an der Plattform, dann die zweite! Ich ziehe mich hinauf.

Was jetzt noch fehlt, ist der Sprung von der drei Meter hohen Plattform an einen ungefähr 1,5 Meter entfernten Stamm, an dem man sich dann heruntergleiten lassen muss. Ich schließe die Augen – eins, zwei, drei! Ich springe, bekomme den Stamm zu fassen, rutsche langsam runter und komme auf dem Boden an.

Wer das alles geschafft hat, muss zu einem Baum laufen, ihn antippen, zum Chefausbilder rennen und ihm melden, dass er den Parcours geschafft hat, ohne den

Boden zu berühren. Und dann darf man den Chefausbilder um die Erlaubnis bitten, wegtreten zu dürfen.
Ich bekomme die Worte nicht mehr richtig zusammen
und stammle irgendetwas Unverständliches, bevor bei
mir die Lichter endgültig ausgehen und ich zu Boden gleite. Der Chefausbilder lächelt und gibt mir einen Klaps auf die Schulter. Ich glaube, ich habe mir ein
bisschen Achtung erkämpft, auch wenn ich lange nicht
das Pensum eines Legionärs geschafft habe.

Nach einer guten halben Stunde stehe ich auf. Wir
verlassen das Trainingscamp. Die anderen müssen hier-
bleiben und weitermachen. Das war bei Weitem das
Härteste, was ich jemals erlebt habe. Immerhin: Wenn
mich jetzt jemand vom Fernsehen anruft und fragt, ob
ich ins Dschungelcamp will, weiß ich, was ich sage.

Die Drahtseilmenschen

Flug mit angezogener Handbremse

Kolumbien

Wir fliegen nach Lima, dem Dreh- und Angelpunkt für Flüge innerhalb Südamerikas, und dort steigen wir in den Flieger nach Bogotá. Mit dem Auto geht es von dort weiter nach Guayabetal, einer kleinen Stadtgemeinde im Department Cundinamarca. Gute drei Stunden sind wir unterwegs und stehen kurz vor Mitternacht vor einem dunklen Hotel. Wir klingeln gefühlte 25 Mal, bis endlich ein Licht angeht und eine alte Frau uns die Tür öffnet. Sie kann allerdings nur noch ein Zimmer mit drei Betten anbieten. Wir aber sind zu viert und haben nach all den Strapazen nicht die geringste Lust, zusammengepfercht die Nacht zu verbringen. Zum Glück gelingt es der Frau, uns an ein anderes »Hotel« zu vermitteln, nur einen Steinwurf entfernt. Dort gibt es immerhin vier schäbige Kammern, die ein bisschen Privatsphäre versprechen. Wie immer ist unsere Nacht kurz.

Am nächsten Morgen machen wir uns schon um

halb sechs auf den Weg zu den »Cables«, den Drahtseilen. Sechs solcher Stahlseile überspannen den Rio Negro zwischen Guayabetal und der Stadt Villavicencio. Im 19. Jahrhundert, als auch hier die Industrialisierung einsetzte, installierten englische Firmen im ganzen Land Kabellifte, teilweise riesige kilometerlange Gondelanlagen mit unzähligen Stützen. Als der Straßenbau diese alten, aber sehr effektiven Transportmittel nach und nach überflüssig machte, ging die Epoche der Kabel zu Ende. Nur die einfachsten Kabelanlagen blieben übrig, wie die Spannseile hier an der Schlucht.

Ich blicke vorsichtig hinab. Die Schlucht ist 400 Meter breit und gute 200 Meter tief. Mir wird schwindelig – hier soll ich an einem Stahlseil hängend von der einen auf die andere Seite gleiten?

Die ungefähr daumendicken und rostbraunen Drahtseile sehen alles andere als vertrauenerweckend aus. An einigen Stellen sind die gedrehten Stahlfasern gebrochen beziehungsweise gesprungen. Scharfe nagelähnliche Spitzen ragen bedrohlich heraus.

Die Redakteurin nimmt mich beiseite und sagt mir, dass sie es verstehen würde, wenn ich da nicht hinüberwolle. Zugegeben: Mir ist schon ein bisschen flau im Magen, aber diese Art des Transfers reizt mich sehr. Die Drähte hier sind ja keine Museumsstücke, sie werden nach wie vor täglich genutzt, und genau das gibt mir Zuversicht.

Wenig später treffe ich Mario. Der Siebzehnjährige hat seine erste Fahrt über den Rio Negro im Alter von knapp fünf Jahren gemacht und ist von daher ein alter Hase. Die Menschen hier nutzen die »Cables« als Transportmittel, um sich selbst, Gebrauchsgegenstände und Waren aller Art von der einen Seite der steilen Schlucht zur anderen zu befördern. Der herkömmliche Weg – die Schlucht hinunter und an der anderen Seite wieder hoch – ist sehr zeitaufwendig und beschwerlich, darüber hinaus mit Gepäck kaum zu schaffen. So gesehen sind die »Cables« eine ideale Konstruktion.

Aber sie sehen gefährlich aus. Man muss sich das mal vorstellen: Ein einfaches daumendickes Stahlseil ist 400 Meter von einer Seite zur anderen der Schlucht gespannt. Die »Drahtseilmenschen« lassen sich an diesem Kabel mithilfe einer Stahlrolle, eines daran befestigten Seils, welches mit Schlaufen zu einer Art Sitz gebunden wird, und einer Astgabel, die als Bremse dient, von einer Seite zur anderen »rollen«!

Um das zu gewährleisten, sind die Kabel natürlich abschüssig angebracht. Der Startpunkt liegt also höher als das Ziel. Dieses System ist mir durchaus vertraut: vom Kinderspielplatz zu Hause. Da gibt es auch ein Stahlkabel, das zwischen zwei Holzgerüste über maximal zehn bis 15 Meter gespannt ist und an dem man dann, auch an einer Rolle hängend, an einem Seil auf einem Gummiteller von einem Ende zum anderen sausen kann.

Auf dem Spielplatz liegt unter dem Kabel weicher Sand, man muss sogar die Beine anziehen, um den Boden nicht zu berühren. Hier allerdings, am Rio Negro in Kolumbien, liegt darunter gar nichts – beziehungsweise 200 Meter tiefer der wild tosende Fluss und der Felsengrund, aus dem sich die Steilhänge der Schlucht erheben. Kein TÜV der Welt hat diese Anlage jemals getestet, geschweige denn abgenommen.

Mit sehr gemischten Gefühlen stehe ich am Abgrund der Schlucht, mein Blick folgt dem Lauf des Stahlseils, das sich irgendwo dort hinten im satten Grün des dichten Dschungels verliert. Mario zeigt mir nun, wie man das Trageseil bindet und mit Schlingen verknotet, sodass daraus ein sicherer Sitz wird: Eine dreifache Seillage bildet die Sitzfläche, eine doppelte Lage sichert den Rücken. Diese Seilkonstruktion ist ein tief liegender Gürtel und ein einseitiger Hosenträger in einem. Nun klemmt Mario die Stahlrolle auf das Kabel und hängt sich an. Jeder der Kabelleute besitzt eine eigene Rolle.

Zuletzt erklärt Mario mir die Handhabung der Astgabelbremse, des wohl wichtigsten Utensils auf dieser

Fahrt: Diese Astgabel sollte relativ solide sein. Man hält sie mit der rechten Hand über dem Kabel wie einen Haken und kann die Bremswirkung durch Druck nach unten erzielen. Dabei schleift das Holz an der oberen Beuge auf dem Stahlseil, wenn man dann gleichzeitig noch eine seitliche Drehung ausführt, gibt es gleich drei Reibungsflächen (oben, rechts und links), mit denen man der Abwärtsgeschwindigkeit eine wirkungsvolle Kraft entgegensetzen kann.

Außerdem stabilisiert man mit dem Holz die eigene Haltung. Da man ja durch die Stahlrolle an nur einem Punkt an dem Kabel befestigt ist, kann der Wind den Körper beliebig hin und her bewegen. Durch den Einsatz des Holzes hat man einen weiteren Berührungspunkt mit dem Kabel, der es einem ermöglicht, die Position des Körpers stabil zu halten.

Das reichlich flaue Gefühl in meiner Magengegend verstärkt sich. Mario hat mir alles erklärt: Nun ist es so weit. Aber die Drahtseilmenschen lassen mich nicht allein auf die andere Seite – noch nicht! Sie sagen, dass das Seil einige Schwachstellen aufweise, die für einen Unkundigen sehr gefährlich werden könnten. Es gebe nämlich zwei Abschnitte, an denen das Stahlseil leicht brüchig und aufgeribbelt sei. An diesen Stellen dürfe man die Holzgabelbremse auf keinen Fall benutzen, da sie einem sonst aus der Hand gerissen werden könne.

Und das wäre fatal: Ohne die Holzgabel würde man ungebremst und ungespitzt in den gegenüberliegenden steinernen Hang getrieben werden. Keine wirklich schöne Vorstellung. Zwar sind an jedem Ziel ein bis zwei Autoreifen befestigt, die als eine Art »Airbag« herhalten sollen, doch so ein Autoreifen ist ab einer gewissen Geschwindigkeit auch nicht wesentlich weicher als ein Felsen.

Also fahre ich zunächst mit Mario mit. Ich hänge mich hinter dem Siebzehnjährigen an das Stahlseil, greife mit der linken Hand an das untere Ende der Stahlrolle, an dem die Seilenden befestigt sind, und mit der anderen an die Seile von Marios Sitz. Er ist sozusagen die Lokomotive unseres Zuges. Er bestimmt die Geschwindigkeit und bremst, wann immer er es für nötig hält. Wir filmen diesen »Doppeldecker« natürlich nicht, ich will ja anschließend allein diesen Höllenritt erleben – und das soll dann auch das Bild sein, das wir verwenden.

Los geht's, wir stoßen uns ab. Ziemlich schnell nehmen wir Fahrt auf und schießen geradezu über die weit unter uns liegende Schlucht. Was für ein Gefühl! Was für ein Ausblick! Ich höre das Rauschen des Windes, das Surren der Stahlrolle auf dem Kabel und plötzlich, nach sieben Sekunden – ungefähr der Hälfte der Strecke – ein lautes Schleifen und Rumpeln, dann zwei bis drei Sekunden Ruhe, dann wieder dieses Holpern und Kratzen, Ruhe. Das waren wohl die Stellen, von denen sie mir erzählt hatten. Mario bremst, und wir erreichen das Ziel auf der anderen Seite der Schlucht. Was für ein Ritt!

Jetzt müssen wir – ein Weg von 15 Minuten – von dem Zielpunkt unseres Kabels aus über verschlungene Dschungelwege zum über uns liegenden Startpunkt des zurückführenden Kabels klettern. Dabei erzählt mir Mario, dass auf dieser Seite der Schlucht die Guerilla ein Lager aufgeschlagen hatte. Der vor nur wenigen Jahren fast schon kriegsähnliche Zustand infolge des Volksaufstands 2003 ist noch nicht vergessen – dafür haben die Leute hier viel zu viel Leid und Elend miterlebt, als dass sie diesen traurigen Teil kolumbianischer Geschichte einfach verdrängen könnten.

Wir erreichen das andere Kabel. Dieses ist noch steiler angebracht. Außerdem ist es länger. Wieder befestige ich mich hinter Mario, und wir rasen zurück zu unserem Startpunkt. Diese Strecke ist noch schneller als die andere! Doch hinter Mario fühle ich mich sicher. Immerhin kennt er »seine« Kabel aus dem Effeff.

In der Zwischenzeit ist auch die Redakteurin – Respekt, Respekt! – im »Doppeldecker« auf die andere Seite gewechselt. Da dem Kameramann, auf den zu Hause Frau und Kinder warten, das Risiko zu groß war, diese Angst einflößende Konstruktion zu benutzen, will sie es übernehmen, meine Ankunft zu filmen und mich das Fazit in die Kamera sprechen zu lassen.

Es ist so weit: Ich muss alleine los. Ohne Mario. Ohne Hilfe. Plötzlich habe ich einen dicken Kloß im Hals. Mein Mund ist staubtrocken, mein Herz schlägt mir bis zum Hals. Wird alles gut gehen? Ich verdränge alle Furcht und Zweifel. Jetzt hänge ich hier und will es einfach wissen. Ich stoße mich ab – und los geht's! Ich schreie wie ein kleines Mädchen, aber es macht einen Heidenspaß! Adrenalin schießt durch meinen Körper – ich lache!

Meine Hand verkrampft sich, da ich die Holzgabelbremse auf keinen Fall verlieren will. Sie schmerzt schon. Ich passiere die beiden gefährlichen Stellen des Kabels und halte an. Und bemerke erst jetzt meinen

Fehler. Ich habe auf der gesamten Strecke zu viel und zu stark gebremst, sodass ich jetzt gut zehn Meter vor dem Ziel zum Stehen gekommen bin. Nun hänge ich hier knapp 30 Meter über dem Boden und muss mich mühsam an dem Kabel vorwärtsruckelnd in Richtung Ziel schleppen … Trotzdem: Ich bin glücklich und habe es geschafft!

Aber ich will es noch einmal versuchen, um beim nächsten Mal vielleicht ganz anzukommen. Also wieder zurück – 15 Minuten klettern, hinter Mario anschnallen und ab die Post. Wieder knalle ich über die unter mir gähnende Schlucht – und wieder bremse ich zu viel! Diese Blockade werden wir heute wohl nicht mehr lösen können. Aber egal! Die Aufnahmen sind geschafft, meine erste Reaktion ist authentisch gewesen, und genau das wollen wir ja.

Die Rückfahrt steht an. Ich will versuchen, die steile Strecke allein zu fahren. Alle Beteiligten schauen mich höchst skeptisch an. Die Redakteurin rät mir ab. Ich hätte es doch geschafft und solle mein Glück nicht herausfordern. Aber ich lasse mich nicht davon abbringen.

Ich hake mich ein, schaue noch mal zurück – und los geht's! Wie eine Kanonenkugel schieße ich hinunter

und genieße das Gefühl des Fliegens. Der Wind greift nach mir und droht mich zur Seite zu drücken, doch ich antworte mit einem leichten Regulierungsdruck der Holzgabel. In diesem Moment passiere ich jedoch eine der »aufgeribbelten« Stellen des Kabels: Fast hätte es mir die Holzgabel aus der Hand gerissen! Mit pochendem Herzen und verkrampften Fingern halte ich meine Bremse fest. Das war knapp!

Jetzt nicht leichtsinnig werden. Dafür hat diese Konstruktion einfach viel zu viele Macken und gefährliche Tücken. Während mir all diese Gedanken durch den Kopf schießen, rase ich auf das Ziel zu. Plötzlich merke ich, dass es allerhöchste Eisenbahn ist zu bremsen: Mit beiden Händen stemme ich mich gegen die Holzgabel und verwende dabei mein gesamtes Körpergewicht und alle Kraft, die ich habe. Ich rieche schon das unter der enormen Reibung heiß werdende Holz. Der

Kameramann steht ganz nah am Drahtseil und filmt, wie ich auf das Ende des Kabels zuschieße. Ich brülle ihn an: »Weg da, weg, weeeeeeeeeeeg!« Ich verkrampfe und meine Hände schmerzen, da ich nun mit aller Kraft versuche, meine Geschwindigkeit zu reduzieren. Plötzlich gibt es einen starken Ruck, einen lauten Knall und meine Holzgabel bricht in zwei Teile.

Es ist völlig ruhig, nur das leise Quietschen meiner leicht schaukelnden Stahlrolle auf dem angerosteten Stahlseil ist zu hören. Ich kann es nicht fassen: Ich habe angehalten, aber das war nicht mein Verdienst: Die »Drahtseilmänner« auf der Zielseite dieses Kabels haben eine »Notbremse« in Form eines großen Knotens, den sie zu viert festhalten, an dem Stahlseil befestigt. An diesem ist zwar meine Holzbremse zerbrochen, aber auch meine Stahlrolle zum Stehen gekommen! Puhhhh! Das ist gerade noch mal gut gegangen. Jetzt bekommen mich keine zehn Pferde mehr auf dieses Kabel.

Alle gratulieren mir und klopfen mir anerkennend auf die Schulter. Es habe, sagt der auf seinen Schüler mächtig stolze Mario, zwar schon ein paar »Gringos« gegeben, die sich hier über die Schlucht gewagt hätten: Doch entweder seien sie ausschließlich im Tandem mit einem der Drahtseilmenschen unterwegs gewesen, oder sie hätten ihre eigene »sichere« Ausrüstung, wie Klettergurt und Sicherheitsleine, für diesen Ritt benutzt. Noch nie aber habe es ein Fremder gewagt, allein und nur mit der bescheidenen Ausrüstung der Drahtseilmänner zu fahren – dafür muss also erst mal so ein verrückter Ostfriese nach Kolumbien kommen!

Der schwimmende Gringo

Abenteuer im Amazonas

Peru

Iquitos ist mit 400 000 Einwohnern die größte Stadt in Perus tropischem Regenwald. Wir setzen gegen 19 Uhr zur Landung an. Die Sonne geht gerade unter und wirft ihre letzten rötlichen Strahlen zwischen den zerrissenen Wolkenmassen hindurch über die Baumwipfel des Regenwaldes. Zwischen diesem schlängelt sich das scheinbar endlose und vielfach verzweigte dicke Band des Amazonas dahin. Ein Fünftel des weltweiten Süßwasservorkommens strömt über diesen Fluss dem Meer entgegen, eine unvorstellbare Menge. Gebannt starre ich auf diesen gewaltigen Wasserlauf, den ich für unser nächstes Abenteuer einmal quer durchschwimmen soll. Was für eine Aufgabe!

Am nächsten Morgen treffen wir Oscar. Er ist mein Partner auf dem Weg zu einer ganz besonderen Mutprobe. Doch zunächst zeigt mir Oscar, der im Regenwald geboren und aufgewachsen ist, welche Tiere mich während meiner Aufgabe erwarten können. Dafür fahren wir in den nahe gelegenen Tierpark von Iquitos. Hier gibt es zum Beispiel Jaguare, und die sind, wie Oskar mir bestätigt, verdammt gute Schwimmer – und somit durchaus eine Gefahr in Ufernähe. Dann geht es zu den Pumas und zu den ortsansässigen Alligatoren, die in manchen Fällen bis zu sieben Meter lang werden können und von Natur aus sehr aggressiv sind. Im trüben, schlammigen Amazonas, in dem man keine zehn Zentimeter weit gucken kann, eine echte Gefahr. Denn wenn man nicht aufpasst, läuft oder schwimmt man einem Alligator direkt ins Maul.

Danach legt mir Oscar eine gelbe Anakonda um den Hals. Eine beeindruckende, sehr schöne Schlange. Sie ist knapp zwei Meter lang und somit noch ein Babyexemplar, doch sie wiegt schon jetzt eine ganze Menge. Als ich ihn frage, was man denn bei einem Angriff oder einem Zusammenstoß mit einer Anakonda machen kann, lächelt er mich nur an und sagt: »Beten!« Danach schlägt er mir bestens gelaunt auf die Schulter und meint: »Nein, Spaß beiseite! Zunächst ist die Chance, eine Anakonda zu treffen, sehr gering. Die Gelbe, die du gerade um den Hals trägst, ist nicht so gefährlich für den Menschen. Bei der schwarzen Anakonda muss man allerdings aufpassen. Sie ist weitaus seltener anzutreffen, doch dafür umso aggressiver. Wenn es aber dazu kommen sollte, dass dich eine Würgeschlange im Griff hat, egal ob Anakonda oder Boa, gibt es eine sehr einfache, aber wirkungsvolle Verteidigung. Du musst sie ganz kräftig beißen. Das mögen sie überhaupt nicht, da das sehr schmerzhaft für sie ist!«

Ein weiterer Kandidat zum Fürchten ist der Zitteraal,

der seine Opfer mit Stromstößen von bis zu 400 Volt lahmlegen kann. Im Gegensatz zu den meisten anderen Tieren wird er durch Bewegung oder Geräusche nicht vertrieben, sondern angelockt. Für einen Angriff sucht er sich die sensibelste Stelle des Körpers aus, das Herz, und setzt dort einen Stromschlag an. Die Folgen können tödlich sein.

Ein ganz widerlicher Vertreter der Parasiten ist der gerne auch als Penisfisch bezeichnete Candiru. Wenn man während des Schwimmens Wasser lässt, wird er von der Wärme und dem Salzgehalt im Urin angelockt und arbeitet sich in die Harnröhre hinein. Dort beginnt er dann sein Werk und ernährt sich vom Blut des Opfers. Wegen seiner am Körper befindlichen Widerhaken lässt er sich auch extrem schwer entfernen. Eine Horrorvorstellung!

Nachdem wir die Tierwelt näher kennengelernt haben, machen wir uns auf den Weg zum Amazonas. Es folgt eine Art Vorbesichtigung, bei der wir die Schwimmstrecke für den folgenden Tag festlegen. Ich muss gestehen, dass mir bei der Sache nicht besonders wohl zumute ist. Die braune, undurchsichtige Suppe mit all ihrem Treibgut – ganze Baumstämme schießen an uns vorbei – nötigt mir einen gehörigen Respekt ab. Dementsprechend verläuft dann auch die Nacht. Ich werde diese Angst einflößenden Bilder des Amazonas einfach nicht los. An erholsamen Schlaf ist dabei nicht zu denken.

Völlig gerädert stehe ich am nächsten Morgen auf. Dann fahren wir zum Hafen, steigen in ein Boot und tuckern zu unserem Startpunkt. Von hier aus soll ich jetzt 1,5 Kilometer quer durch den Amazonas schwimmen, um dann am anderen Ufer wieder an Land zu gehen. Die Nervosität nimmt von Minute zu Minute zu – ich sage kaum noch etwas. Solche Schweigsamkeit ist bei mir doch eher ungewöhnlich.

Mein Blick fällt auf die braune Masse, die sich an mir vorbeiwälzt. Grüne Büschel von exotischen Pflanzen werden von dem Strom mitgerissen, kleine Äste und riesige Baumstämme schaukeln wie Spielzeugboote auf den Wogen des Amazonas, und ganz hinten am Horizont ist ein grüner Streifen auszumachen. Das andere Ufer, mein Ziel! Ich muss tief durchatmen – die Strömung hier ist unglaublich. Mit bis zu acht Stundenkilometern wird alles vor meinen Augen weggerissen. Und da soll ich gleich rein …

Ich lasse mir von Oscar noch erklären, worauf ich beim Schwimmen achten soll. Das Wichtigste sei, bloß nicht zu versuchen, gegen die Strömung anzuschwimmen. Das sei zum einen völlig sinnlos und koste zum anderen Unmengen an wertvoller Kraft.

Und die brauche ich. Die Zuflüsse in den Amazonas sorgen nämlich auch für gefährliche Strudel und Gegenströmungen und wenn man in diese hineingerät, sollte man möglichst gut bei Kräften sein. Ich soll also die starke Strömung für mich ausnutzen und mich größtenteils treiben lassen. Oscar sagt mir, dass ich einfach nur in Richtung des anderen Ufers schwimmen solle, dann werde mich die Strömung zwar abtreiben, doch letztendlich käme ich meinem Ziel Stück für Stück näher. Wie lange meine Kraft dann ausreiche, könne er allerdings nicht sagen.

Ich schleiche mit einer Rolle »Gaffa-Tape«, einem besonders robusten Klebeband, das beim Fernsehen oder Film in jedem Equipmentkoffer zu finden ist, hinter einen Busch. Dort erledige ich noch mal schnell ein kleines Geschäft, ich bin ziemlich nervös. Da ich den gottverdammten Penisfischen keinen Grund zum Besuch bieten möchte, verklebe ich anschließend mein bestes Stück mit mehreren Lagen Tape. Natürlich wird das ein riesiger Spaß, diesen Verband hinterher wieder abzureißen, aber das ist mir allemal lieber, als einen Fisch in mir zu haben.

Dann geht es los. Ich stakse vorsichtig durch den fast knietiefen Schlamm und lasse mich langsam in das Wasser gleiten. Das einzig Angenehme hier ist die Wassertemperatur, grob geschätzte 26 Grad. Aber alles andere ist eher abschreckend. Ständig berühre ich mit Händen oder Füßen irgendetwas, ohne zu wissen, was es denn bloß sein könnte. Ein Zitteraal? Nein, das hätte ich gemerkt! Ein Piranha? Auch nicht, die kommen nicht so nah ran, außerdem fressen die nur Aas, und so weit ist es mit mir noch nicht! Also gut, ich muss mich beruhigen! Bestimmt sind es nur irgendwelche Äste oder Wurzeln. Das Gefühl, in dieser Brühe zu schwimmen, ist sehr irritierend: Man kann nichts erkennen, dafür umso mehr Rätselhaftes erspüren und dazu kommt dann noch der Kampf mit der Strömung.

Ich kann mich nur sehr langsam beruhigen – das Ufer, das ich gerade verlassen habe, zieht in einer unglaublichen Geschwindigkeit an mir vorbei. Es ist so, als würde ich in einem Auto sitzen und während der Fahrt aus dem Seitenfenster schauen. Nur, dass ich nicht in einem Auto sitze, sondern mitten im Amazonas treibe.

Nach und nach entferne ich mich vom Ufer der einen Seite, komme aber dem anderen nicht wirklich näher. Das Schwimmen wird immer anstrengender, aber ich beiße mich weiter durch. Von einem Moment auf den anderen verändern sich die Strömungsverhältnisse. Wellen kommen auf und schlagen von allen Seiten gegen mich. Dann ist das Wasser plötzlich wieder spiegelglatt. Ich beginne mich langsam zu drehen. Da ist er, der erste Strudel!

Das passiert mir mehrmals: abwechselnd starker Wellengang und spiegelglattes Wasser, kaltes und warmes Wasser, Strömungen, die aufeinandertreffen. Schwarzes Wasser auf der einen, brackiges, braunes auf der anderen Seite. Nur langsam vermischen sich die beiden Farben, dadurch entsteht, fast wie mit dem Lineal gezogen, eine klare Grenze zwischen dem braunen Amazonas und dem schwarzen Nanay, einem Nebenfluss des Amazonas.

Mein Unwohlsein nimmt weiter zu, ich habe Angst vor den unberechenbaren Strömungen und den Lebewesen, die sich im trüben Wasser verborgen halten. Zum Glück dauert es nicht allzu lange und ich werde von der Hauptströmung aus dieser Zone herausgerissen und komme so dem gegenüberliegenden Ufer ein beträchtliches Stück näher. Ich werde zwar immer noch mit gut zwei Metern pro Sekunde seitwärts abgetrieben, doch jetzt weiß ich, dass ich es schaffen kann! Die Uferböschung kommt immer näher. Damit jedoch auch eine Wand aus in sich verschlungenem Treibgut

und grünen Wasserpflanzen, die sich im Strömungsschatten dicht zusammendrängen. Da muss ich jetzt durch! Wieder diese Angst, wieder stoße ich mit meinen Beinen und Händen gegen undefinierbare Dinge! Ich werde hektisch, paddele wild wie ein Hund und versuche, meinen Kopf so gut es geht aus dieser braunen Brühe zu halten. Was sitzt da wohl auf diesen im Wasser treibenden Pflanzen? Spinnen, Würmer, sonstiges krabbelndes, vielleicht sogar giftiges Getier? Ich will jetzt nur noch aus diesem Fluss raus!

Ich stoße die Äste beiseite, drücke mich an den treibenden Wasserpflanzen vorbei und habe nur noch drei, vier Meter zu bewältigen. Erst jetzt bemerke ich die wabernde, fast schwarze Fläche direkt vor mir – sie besteht aus Tausenden und Abertausenden von auf dem Wasser laufenden Insekten. Ich versuche sie zu verscheuchen, indem ich mit den Händen nach ihnen schlage und mit dem Wasser spritze. Es entsteht tatsächlich eine kleine Gasse, durch die ich mich dann an das schlammige Ufer kämpfe. Endlich! Ich habe tatsächlich den Amazonas durchschwommen. Oscar lächelt mich stolz an und überschüttet mich mit Lob! Auch die anderen Helfer nicken mir anerkennend zu. All das bekomme ich nur noch teilweise mit, ich bin einfach nur erledigt.

Nach einer ausgiebigen Dusche und ein paar ruhigen Minuten auf dem Hotelzimmer treffen wir uns alle noch einmal zu einem Abschiedsessen. Unser Fahrer setzt sich zu mir und sagt: »Hey Harro! Ich habe vorhin meiner Mutter erzählt, dass ich heute mit einem Gringo zusammen gewesen bin, der den Amazonas durchschwommen ist! Sie hat daraufhin nur den Kopf geschüttelt und wollte es nicht glauben! – Das muss ein richtig verrückter Kerl sein, dieser Gringo!« Kurz darauf nimmt mich Oscar in den Arm und sagt: »Weißt du, Harro, sei bitte nicht böse, aber ich habe nicht geglaubt, dass du das schaffst. Ehrlich nicht. Ich meine: Wer ist denn so verrückt und schwimmt quer durch den Amazonas, von einem Ufer zum anderen und das bei der Strömung?! Nicht zu vergessen die ganzen Strudel! Das hat hier noch nie einer gemacht. Wir schwimmen zwar alle im Amazonas, aber doch nur an den Ufern vor unseren Häusern. Niemals würden wir diesen Fluss schwimmend durchqueren – warum auch? Dafür gibt es ja Boote!« Auf diese Aussage folgt ein herzliches Lachen und ein ebenso herzliches Schulterklopfen. »Also, Respekt – das war eine starke Leistung!«

Jetzt bin ich also der verrückte Gringo, der lieber mit den Alligatoren schwimmt, anstatt einfach das Boot zu nehmen! Trotzdem bin ich vor allem stolz auf meine Leistung und sehr erleichtert, dass alles gut gegangen ist – und der Penisfisch einen Bogen um mich gemacht hat.

NORDAMERIKA

Nevada

Hitzewellen

Spiegeleier im Tal des Todes

Bis zu 70 Grad erwarten mich in einer der heißesten Wüsten der Welt, nahe Las Vegas. Wir fahren gegen halb acht von unserem Hotel los, das Ziel ist das Death Valley. Im Besucherzentrum des Nationalparks treffen wir auf Jay Snow, ein Name, der so gar nicht zu der Umgebung passen will. Aber dieser Jay ist einfach großartig. Unter anderem hat er innerhalb von zwei Jahren, drei Monaten und ein paar Tagen die USA von der Ostküste bis zur Westküste durchquert, und zwar zu Fuß, so wie Forrest Gump. Eine Selbsterfahrung der besonderen Art.

Nachdem Jay genügend Wasser eingepackt hat und auch alle sonstigen Vorbereitungen erledigt sind, können wir loslegen. Wir beginnen den Dreh an einer Messstation des Nationalparks. Unglaublich, gegen halb zehn morgens liegt die Temperatur hier schon bei 54 °C! Der Wind fühlt sich an wie von einem überdimensionalen Föhn produziert. Er schlägt einem geradezu ins Gesicht und verschafft kaum Kühlung, ganz im Gegenteil. Er trocknet den Körper aus und sorgt für ein ständiges Durstgefühl. Die Hitze ist erdrückend, und ohne die Sonnencreme mit Lichtschutzfaktor 50 würde die Haut wie Backpapier im Ofen verbrennen.

Wir fahren zum mit 85,5 Metern unter dem Meeresspiegel tiefsten Punkt der USA: Badwater. Im Jahr 1913 wurden hier 65 Grad im Schatten gemessen, zu diesem Zeitpunkt der heißeste Wert weltweit. 1922 gab es in der libyschen Sahara eine Messung, die einen höheren Wert aufzeigte, aber das waren auch nur zwei oder drei Grad mehr.

Der Name »Death Valley« ist entstanden, als die ersten amerikanischen Pioniere nach Westen zogen und durch diese Wüste kamen. Der enormen Hitze fielen viele der Reisenden zum Opfer. Als sie endlich aus dieser Region hinausfanden, sagte einer der Siedler: »Goodbye, Death Valley!«

Erstaunlicherweise gibt es hier jede Menge Wasser, dieses befindet sich jedoch unter der Erde. Physikalisch ist dies leicht zu erklären. Da hier der tiefste Punkt der USA ist, laufen natürlich alle unterirdischen Zuflüsse der umliegenden Regionen in diese natürliche Senke. Die Verdunstungsrate ist jedoch so hoch, dass das Wasser nie die Oberfläche erreicht.

Das Death Valley wird trotz des reichlichen Grundwassers als Wüste bezeichnet, da der jährliche Niederschlag unter 250 Millimeter im Jahr liegt. Genauer gesagt liegt er im Death Valley bei gerade mal 40 Millimetern – wenn es überhaupt regnet, denn es gibt auch Jahre ohne jeglichen Niederschlag. Selbst wenn mal

eine Regenwolke am Himmel zu erkennen ist und vielleicht sogar Regen fällt, so wird man ihn nur ganz selten am Boden ankommen sehen. Denn die Sonne und die heißen Winde, die selbst in der Nacht kaum abkühlen, lassen die Tropfen vorher verdunsten.

Bei Badwater angekommen, starten wir das erste Experiment. Wir wollen ein Ei braten – auf der Straße.

Der Asphalt ist so heiß, dass man ihn kaum mit der Hand berühren kann. Unser Messgerät zeigt 78 Grad an. Der Teer, den die Straßenbauer auf die Straße aufgetragen haben, um den einen oder anderen Riss zu kitten, ist weich wie Kaugummi.

Wir sind also zuversichtlich, dass unser Experiment gelingen wird. Zwischendurch müssen wir alle immer wieder einen großen Schluck aus der Wasserflasche nehmen. Es ist unglaublich, wie viel Wasser wir hier trinken können beziehungsweise müssen. Der Griff des Kofferraumdeckels ist inzwischen so aufgeheizt, dass man ihn nur kurz anfassen kann, das Blech unserer beiden Autos glüht nahezu!

Wir legen eine kleine Pfanne auf die Straße und warten, bis sie durch die Sonne und die heißen Steine stark genug erhitzt zu sein scheint. Dann schlage ich das Ei hinein. Doch es passiert nichts! Wir warten. Aber auch nach einigen Minuten ist einfach nichts zu erkennen.

Ich unternehme einen letzten, verzweifelten Versuch und nehme ein weiteres Ei aus der Schachtel. Diesmal schlage ich es direkt auf den Boden. Der fühlt sich deutlich heißer an als die Pfanne. Doch wieder nichts. Dieser Versuch ist leider gescheitert!

Vielleicht hätten wir auf dem Autoblech Glück gehabt, doch das hat uns der Vermieter untersagt, da hässliche Eiweißflecken auf dem Lack die Folge gewesen wären.

Die Hitze nimmt immer weiter zu, inzwischen ist es halb eins mittags und die Quecksilbersäule zeigt eine Lufttemperatur von 58 Grad an. In unserem nächsten Versuch muss ich ins Auto steigen – allerdings ohne

Klimaanlage und mit geschlossenen Fenstern. Die Luft steht und ist stickig.

Es beginnt mit knappen 30 Grad, nach einer Viertelstunde haben wir schon eine Innentemperatur von 68 Grad, in der Sonne sind es sogar 73. Nach weiteren zehn Minuten ist die Temperatur wieder um vier Grad gestiegen. Der Schweiß läuft mir in Strömen am Körper herunter. Das Atmen fällt mir immer schwerer. Immer wieder fragt mich Jay durch das geschlossene Fenster, ob es denn noch geht. Ich bejahe!

Es ist zwar anstrengend, doch ich halte es noch aus. Ich schließe die Augen. Dicke Tropfen Schweiß bahnen sich ihren Weg an meinen Unterarmen und Beinen entlang. Mein T-Shirt ist inzwischen tropfnass. Der Atem geht schwer, aber noch kann ich es aushalten. Mein Blick fällt auf die Temperaturanzeige in der Sonne: 79,8 Grad – ich messe die Innentemperatur: 75 Grad!

Dann wird plötzlich die Tür geöffnet. Jay holt mich raus. Kurz wird mir schwarz vor Augen, ich torkle leicht, lehne mich dann gegen den Wagen und genieße den leichten Wind, der sich auf einmal gar nicht mehr so heiß anfühlt. Doch das ist natürlich pure Einbildung, da es in dem Wagen keine Luftbewegung gab. Jay legt mir ein eiskaltes, nasses Tuch über den Kopf. Das tut gut! Ich habe die Situation vollkommen falsch eingeschätzt. Vielleicht hätte ich noch ein wenig durchgehalten, doch Jay hat mit seinem erfahrenen Blick gesehen, dass es Zeit war, mich aus dem Wagen herauszuholen. Ich brauche fast zwei Flaschen Wasser, um mich wieder ein bisschen besser zu fühlen.

Jetzt habe ich verstanden, worin die Gefahr liegt. Wenn sich jemand bei einem Unfall im Auto verletzt, ohnmächtig wird oder in nicht so guter körperlicher Verfassung ist, kann einen diese brutale Hitze tatsächlich umbringen. Vor allem neigt man dazu, sich und den eigenen Körper zu überschätzen.

Es war ein anstrengender Versuch, der nicht nur mir jede Menge Kraft abverlangt hat, sondern auch dem Kameramann und der ebenfalls in der Sonne ausharrenden Redakteurin. Wir sind am Ende, inzwischen stehen wir schon über sechs Stunden unter der sengenden Sonne mitten in der Wüste und müssen uns für eine Weile in den anderen Wagen zurückziehen, um uns vor der laufenden Klimaanlage ein bisschen abzukühlen. Die Hitze fordert ihren Tribut. Unserer Redakteurin geht es inzwischen wirklich schlecht. Jay legt ihr ein in Eiswasser getauchtes Tuch über den Kopf und verfrachtet sie ins kühle Auto. Wir versuchen den letzten, noch ausstehenden Versuch so schnell wie möglich hinter uns zu bringen.

Jay führt mich auf die staubtrockenen Lehmschollen des Salzsees und verbindet mir die Augen. Jetzt soll ich vorwärtsgehen. Natürlich weiß ich, was jetzt kommen soll, aus diesem Grund versuche ich mich ganz besonders darauf zu konzentrieren, gerade zu laufen.

Nachdem ich knappe zehn Minuten gegangen bin, löst Jay mir die Augenbinde und ich staune nicht schlecht. Ich bin tatsächlich einen kompletten Kreis gelaufen, und das, obwohl ich wirklich versucht habe, darauf zu achten, geradeaus zu gehen. Wie ich vermutet habe, bin ich links herum gelaufen. Mein rechtes Bein hat also die größeren Schritte gemacht. Klar, ich bin ja auch Rechtsfüßler. Aber dass ich tatsächlich nach so kurzer Zeit schon einen Kreis laufen würde, das hätte ich wirklich nicht gedacht. Dieser letzte Versuch war wirklich noch mal spannend. Bei fehlender Konzentration und extremem Wassermangel kann es leicht dazu kommen, dass man die Orientierung verliert und dann anstatt vorwärtszukommen im Kreis läuft!

Dieser Aufenthalt im Death Valley ist wirklich eine extreme Situation. Die Hitze ist nervtötend und schmerzhaft zugleich. Teilweise fühlt es sich so an, als ob man mit bloßen Händen in den heißen Ofen langt. Diese völlig kargen, von Erosion gezeichneten Berge, die in allen nur vorstellbaren Farben schimmern, die

weiß glänzende Oberfläche des ausgetrockneten Salzsees, die Dünen, die vor Hitze flirrende Luft, all das ist
ein unvergesslicher Anblick einer außergewöhnlichen
Landschaft.

Und ich glaube, es gibt etwas, was man in der Wüste
besser sieht als an jedem anderen Ort der Welt: seine
eigenen Grenzen.

Louisiana

Im Mehr-Geld-als-Gehirn-Club

Testfahrt mit dem Y2K

Wir fliegen nach Lafayette, Louisiana. Hier hat Ted McIntyre II irgendwo im absoluten Outback seine Garage stehen, in der er seit über 20 Jahren alle möglichen Fahrzeuge mit Turbinen als Antriebsmotoren ausstattet. Für seine Firma »Marine Turbo Technologies Inc« (MTT) kauft er ausgediente Helikopter- oder Flugzeugturbinen auf und experimentiert damit so lange herum, bis sie zum Beispiel ein Boot antreiben können.

Wir sind jedoch wegen seiner legendären Motorräder hier. Vor gut zehn Jahren hat Ted es zum ersten Mal geschafft, eine Helikopterturbine so zu modifizieren, dass er damit ein Motorrad antreiben konnte. Sein MTT Superbike bekam den Namen »Y2K« und bringt Männerherzen zum Hämmern. Sein zweites Bike ging an Talkmaster und Fahrzeugfanatiker Jay Leno, der sich nach der Veröffentlichung der ersten Bilder sofort bei Ted gemeldet und »blind« eine seiner Höllenmaschinen bestellt hatte.

Antrieb: Allison Rolls Royce C18-250-Gasturbine, 350 PS bei 52 000/min, Ausgangsdrehzahl nach dem Reduziergetriebe 6000/min, 576 Nm bei 20 000/min, Einspritzung, Trockensumpfschmierung, Zweigang-getriebe, Kettenantrieb ... Diese verrückten techni-schen Daten lassen es ahnen: Mit 175 000 Dollar ist das »Y2K« das teuerste Motorrad der Welt und ganz nebenbei mit bis zu 400 km/h auch das schnellste stra-ßenzugelassene Bike weltweit. Pro Jahr stellt McIntyre lediglich fünf bis sechs Stück her – ein reiner Luxusarti-kel für richtig reiche Leute und Powerfetischisten. Für solche wie Talklegende Jay Leno, nach eigenem Be-kunden Mitglied des »More money than brain club«, also im »Mehr-Geld-als-Gehirn-Club«. Da ich weder das eine noch das andere in übergroßen Mengen be-sitze, werde ich wohl niemals ein »Y2K« mein Eigen-tum nennen dürfen.

Ted heißt mich in seiner Werkstatt willkommen und führt mich ein wenig herum. Er erklärt mir, wie er und sein Team die Motorräder bauen: Sie zeigen mir, welche Turbinen sie dafür verwenden und wie das Ganze technisch funktioniert. Dann geht es los. Ich vermute, dass niemand Ted darüber informiert hat, dass ich gar keinen Motorradführerschein besitze. Denn sonst hätte er mich wohl kaum dieses »Biest« fahren lassen.

Ted erklärt mir die spezielle Funktionsweise dieses Motorrads. Es gibt nur zwei Gänge: low und high! Der eine bringt das Gefährt auf maximal 40 bis 50 Meilen pro Stunde (64 bis 80 km/h), der andere dann auf bis zu 250 Meilen pro Stunde, also 400 km/h.

Wichtig, sagt Ted, sei die Kupplung. Sie befindet sich an der linken Seite des Lenkers. Wenn ich sie betätige, wird nicht nur die Schubkraft der Turbine unterbrochen, sondern die Maschine auch leicht gebremst. Zum Schalten braucht man sie allerdings nicht. An der rechten Seite gibt es ein Fußpedal: Das ist die Bremse für das Hinterrad, und vorne rechts am Lenker befindet sich die Handbremse für das Vorderrad.

Vor dem Startvorgang muss zunächst mithilfe eines kleinen roten Knopfes rechts am Lenker die Automatik auf »Neutral« gestellt werden. Anschließend muss ich den Knopf so lange drücken, bis die Leistung der Turbine auf der digitalen Anzeige vor mir auf mindestens 50 Prozent gestiegen ist. Dieser rote Knopf schaltet also entweder auf »Neutral« oder auf »Gang Nummer eins«. Um in den zweiten Gang zu kommen – ich bin mir gar nicht sicher, ob ich das überhaupt wagen werde – muss ich einen Schalter an der rechten Seite des Lenkers betätigen. Ted zeigt mir noch, wie man die Dieselzufuhr ein- und ausschaltet.

Ein letztes Mal schaue ich mir die Höllenmaschine an. Sie ist wie eine Rennmaschine gebaut, aber irgendwie größer – und breiter und länger. Auf beiden Seiten hat sie riesige Auspuffrohre, so dick wie Kinderköpfe. Aus diesen Rohren strömen über 350 °C heiße Abgase.

Jetzt wird's ernst. Ich bin wirklich gespannt! Ich drücke den Startknopf, und zischend erwacht die Turbine zum Leben. 10 – 15 – 20 Prozent: Aus dem Zischen wird ein Fauchen. 25 – 30 – 35 Prozent: Das Fauchen wird wütender und immer lauter. 40 – 45 Prozent: Jetzt dröhnt die Maschine wirklich wie ein startendes Flugzeug.

Das ganze Gefährt vibriert unter mir, die Kraft der Turbine scheint immens zu sein. Das Heulen ist inzwischen kaum noch auszuhalten, die Digitalanzeige zeigt jetzt 50 Prozent an. Langsam lasse ich die Kupplung kommen, und mit einer leichten Reaktionsverzögerung schiebt sich die knapp 300 Kilogramm schwere

Maschine dem Ausgang entgegen. Und das mit mir als Fahrer …

320 PS habe ich jetzt zwischen meinen Beinen, das sind umgerechnet knapp 800 g pro PS! Ein solches Kraft-Gewicht-Verhältnis kann nicht mal ein Formel-1-Auto bieten!

Ich lasse die Kupplung weiter kommen und rolle jetzt immer schneller in Richtung Straße. Ted eskortiert mich auf einer ähnlichen Maschine. Als wir die Straße erreicht haben, erhöht er das Tempo, und ich folge ihm. 40 km/h, 50 km/h, irgendwann sind es 80 km/h. Ohne spürbare Übergänge im automatischen Getriebe beschleunigt die Maschine immer stärker.

Ein Ritt auf einer Kanonenkugel! Nur dass die Kanonenkugel eine Turbine aus einem deutschen Militärhubschrauber hat. Wir drehen eine »Einführungsrunde«, bei der ich mit dem Gefährt vertraut gemacht werden soll. Immerhin durften bis jetzt nur sehr wenige, dafür aber zumeist extrem reiche Menschen dieses Ding fahren. Eine große Ehre für mich!

An einer kleinen T-Kreuzung passiert es. Ted ist vorausgefahren und dreht gerade um. Ein typisch amerikanischer Pick-up ist stehen geblieben, um Ted durchzulassen – rechts vor links. Der Pick-up-Fahrer hält ein Handy an sein Ohr und erzählt wohl gerade, dass er zwei spektakuläre MTT-Superbikes sieht. Natürlich lässt er auch mich durch. Eigentlich wollte ich ihm die Vorfahrt lassen, aber nun ist es zu spät. Ich will es Ted gleichtun und lenke bei Schrittgeschwindigkeit ein. Doch der Wendekreis scheint für dieses Motorrad zu klein zu sein. Der Pick-up-Fahrer schaut immer noch stumpf in meine Richtung. Ich bremse unsicher noch ein bisschen mehr ab und dann liege ich plötzlich platt wie eine Flunder unter meinem Superbike auf dem Asphalt. Das Motorrad mit fauchender Turbine auf meinem Bein. Ich bin einfach zu langsam geworden und konnte dann in der leichten Schräglage das Gewicht dieser Höllenmaschine nicht mehr halten – bumm. Der Pick-up-Fahrer verharrt in seiner Pose und schaut mich einfach nur an. Ted ist natürlich schon weitergefahren und ich liege nun hier alleine auf einer Kreuzung.

Zu allem Überfluss quillt nun auch noch weißer Rauch aus den dicken Auspuffrohren. Zuerst nur wenig, dann nimmt die Rauchentwicklung beängstigend zu. Ich habe keine Schmerzen, aber ich komme nicht ohne fremde Hilfe unter diesem Monster weg. Ein hilfloses, ein blödes Gefühl. Innerhalb von Sekunden ist die Kreuzung eine gigantische Nebelbank. Ich kann kaum die Hand vor meinen Augen sehen. Plötzlich greifen zwei starke Arme unter meine Achseln und zerren mich unter dem Bike hervor. Dann geleiten mich die Arme aus der Rauchwolke. Ted ist wieder da! Der Pick-up-Fahrer sitzt immer noch seelenruhig in seinem Wagen und quatscht in sein Handy. Nachdem wir in dem dicken Nebel die Maschine wiedergefunden haben, stemmen wir sie gemeinsam hoch. Ted setzt sich seelenruhig auf das immer noch laufende Motorrad und checkt die Lage und die Technik. Ich sehe Flammen aus dem Auspuff züngeln – sofort mache ich Ted darauf aufmerksam. Der nickt bloß kurz und lässt die Turbine aufheulen. Ich fasse es nicht: Da brennt sein 175 000-Dollar-Turbinenmotorrad – und der Kerl bleibt nicht nur ganz gelassen auf dieser Höllenmaschine sitzen, sondern dreht sogar noch das Gas auf! Doch dann begreife ich den Grund seines Handelns: Der starke Strom komprimierter Luft presst die Flammen aus dem Auspuff und kann sie so ersticken.

Ted zeigt auf die Maschine und bedeutet mir, auch aufzusteigen. Wir setzen uns in Bewegung. Nach ein bis zwei Kilometern hält er an und hebt den Daumen. Außer ein paar Lackkratzern ist nichts passiert – zum Glück!

Weiter geht es. Zunächst zurück zum Firmengelände, wo das Team auf uns wartet. Jetzt erst soll es mit den Dreharbeiten losgehen – mein Kameramann und die Redakteurin wissen zu diesem Zeitpunkt gar nicht, was passiert ist. Ich spreche also nach der Rückkehr schön brav mein Fazit in die Kamera und erzähle den beiden erst danach von meinem kleinen Unfall.

Nach diesem Schock geht's nun gemeinsam weiter: Mit dem Aufnahmeteam im Gefolge fahren wir die gleiche Strecke, vermeiden aber jetzt zu enge Kreuzungen oder Kurven. Wieder beschleunige ich von 30 auf 80 km/h. Ted lenkt uns auf eine andere Straße: Eine lange Gerade erstreckt sich vor uns. Ted hebt die Hand – eine verbale Verständigung ist bei diesem Lärm ohnehin nicht möglich – und zeigt mir zwei Finger: Das ist das Zeichen, in den zweiten Gang zu schalten. Soll ich das wirklich riskieren? Ich bin mir nicht sicher. Irgendwie will ich es aber jetzt wissen.

Der Lärm, den wir produzieren, ist nicht von dieser Welt. Es klingt so, als würden zwei Düsenjets im Tiefflug über die Straße donnern. Ted dreht sich zu mir um, um sich zu vergewissern, dass ich verstanden habe. Ich nicke kurz und schiebe den Schalter mit dem linken Daumen nach hinten. Die Maschine macht einen kurzen Ruck. Ich drehe mit der rechten Hand den Gashebel auf und bekomme sofort die volle Wucht dieser Höllenmaschine zu spüren. Fast reißt es mich aus dem Sitz, als das Monster sich aufbäumt und plötzlich seine Ketten zu sprengen scheint. Aus 80 km/h werden in nur wenigen Augenblicken 150, 160, 170, 180, 190, 200 km/h … Tendenz steigend. Ich bekomme vor lauter Aufregung keine Luft mehr – ich habe die ganze Zeit über den Atem angehalten, das merke ich aber erst jetzt! Ich lasse den Gashahn los und ziehe die Kupplung. Langsam fällt die Geschwindigkeit wieder. 190, 180, 170, bis auf 90 km/h. Was für ein Gefühl!

Ted schließt auf und kommt mit seiner Maschine neben mich. Er hebt den Daumen, ich tue es ihm gleich. Stolz wie Oskar, so sieht es jedenfalls aus. Insgeheim bin ich heilfroh, überhaupt noch auf dem Ding zu sitzen!

Wir machen noch ein paar spektakuläre Aufnahmen, wie ich die Höllenmaschine reite: Dabei erreiche ich Höchstgeschwindigkeiten von 210 bis maximal 230 km/h. Ich fahre an der Kamera vorbei, neben ihr her oder folge dem Auto, in dessen Kofferraum der Kameramann sitzt, um mich zu filmen.

Dann ist es vorbei! Ich habe den Ritt auf der Kanonenkugel geschafft und mir ist nichts passiert, ganz im Gegenteil: Ich habe einen Riesenspaß dabei gehabt. Als einer der wenigen Auserwählten habe ich ein solches Gefährt fahren dürfen – ein vergoldeter Adrenalinstoß!

Florida

Mighty Mike

Zu Besuch bei Alligatoren

Wir sind unterwegs auf dem Highway 27, von Tampa nach Palmdale; unser Ziel an diesem Tag: »Florida's Original Gatorama – Alligator & Crocodile Adventure«. Nach eigenem Bekunden »die größte Sammlung großer Alligatoren und Krokodile«. Hier bin ich mit Allen Register verabredet, dem sympathischen Besitzer dieser Krokodilfarm. Als Erstes erklärt er mir den Unterschied zwischen einem Alligator und einem Krokodil. Dem Laien fällt dieser kaum auf, doch wenn man sich die Köpfe der Tiere genauer anschaut, sieht man, dass die Schädel der Alligatoren wesentlich breiter sind. Zudem sind Krokodile schneller und kräftiger als Alligatoren. Jedoch beschränkt sich die Kraft dieser Tiere auf die reine »Schnellkraft«. Da sie Kaltblüter sind, ist ihre Ausdauerfähigkeit sehr beschränkt. Aus diesem Grund trifft man sie auch zumeist faul in der Sonne liegend an. Doch wie ich sehen werde: Dieser Eindruck täuscht gewaltig!

Nach dieser eher theoretischen Einführung in das Thema Krokodile und Alligatoren beginnt der praktische Teil: Die Fütterung steht an. Wir versorgen die Tiere, die am Ufer eines Gewässers in der Sonne liegen. Allen hat zwei große Eimer voll leicht verrotteter Hühnchenhälften hergeschleppt. Nach ein paar Lockrufen und dem Einsatz des ein oder anderen kleinen Köders bequemen sich die ersten Tiere zu uns. Kleine Krokodile oder Alligatoren gibt es hier kaum: Sie sind entweder mittelgroß oder riesig. »Big Daddy« zum Beispiel, der Häuptling der Truppe, ist gute fünfeinhalb Meter lang und wiegt eine knappe Tonne.

Ich halte zitternd eine Hühnchenhälfte über das brackige Wasser und warte. Allen hebt seine linke Hand und zeigt mir seinen um die Hälfte verkürzten Ringfinger. »Du musst beim Füttern sehr vorsichtig sein, sonst …« In dem Moment höre ich unmittelbar unter mir ein lautes Schnauben und lasse erschrocken das Fleisch los. Mit lautem Klatschen fällt es ins Wasser und wird sofort von zwei sich streitenden Alligatoren verschlungen. Ich muss dabei ganz schön verdutzt ausgesehen haben, denn Allen lacht laut auf. Er gibt mir ein neues Stück aus seinem Eimer.

Alligatoren können bis zu zwei Meter hoch aus dem Wasser springen, um ihre Beute zu fassen. Ich will das unbedingt sehen und beobachte die Wasseroberfläche. Völlig geräuschlos nähert sich jetzt ein knapp fünf Meter langes Prachtexemplar, bewegt sich auf mich zu, fixiert das Hühnchen mit seinen Augen, wartet und wartet und hievt sich urplötzlich mit einem schnellen Schwanzschlag aus dem Wasser! Ich erlebe alles wie in

Zeitlupe: Das mit großen und spitzen gelben Zähnen gespickte Maul öffnet sich weit und knallt mit einer unglaublichen Geschwindigkeit wieder zu. Zum Glück habe ich auch dieses Mal das Fleisch frühzeitig losgelassen. Der Riese unter mir lässt es sich schmecken.

Nachdem ich noch gut zehn Kilogramm Hühnchen verfüttert habe, gehen wir weiter zu »Goliath«, einem gut fünf Meter langen Alligator, der in einem eigenen Käfig gehalten wird. Über seinem Schwimmbecken thronen acht Krokodil- und Alligatorenschädel. Goliath, so erzählt Allen, sei früher der absolute King im Freigehege der Krokodile und Alligatoren gewesen. In dieser Zeit habe er etliche Kämpfe geführt: Die Trophäen auf dem Dach seines Unterstandes repräsentieren nur einen kleinen Teil seiner damaligen Widersacher, die den Kürzeren gezogen haben.

Super – ich befinde mich also mitten im Gehege eines Serienkillers! Und stehe keine zwei Meter von diesem Ungetüm entfernt. Während ich ohne großartige Illusionen über diese Situation und meine weitere Zukunft nachsinne, ertönt ein furchtbar lauter Knall – reflexartig mache ich einen olympiareifen Satz in Richtung Ausgang … und blicke wieder in das grinsende Gesicht von Allen. Jetzt wird mir klar, woher dieser Knall kam. Allen hat Goliath mit einem Stab dazu gebracht, sein Maul weit zu öffnen. Und hat dann mit einem kleinen Stück Tuch den Gaumen des Tieres berührt: Sobald der innere Bereich des Mauls mit irgendetwas in Berührung kommt, klappen, nein: schlagen die Kieferhälften instinktiv zu – mit bis zu zwei Tonnen Zugkraft und mit einer unfassbaren Geschwindigkeit! Das

Ganze spielt sich so wahnsinnig schnell ab, dass dieser Vorgang kaum zu beobachten, dafür aber unüberhörbar ist. Das Zuklappen der Kieferhälften erzeugt einen Knall, ähnlich dem Startschuss für 100-Meter-Läufer.

Nun soll ich es selbst ausprobieren! Mit Stab und Tuch bewaffnet pirsche ich mich an dieses Schwergewicht heran. Mein Puls übertönt jedes andere Geräusch. Ich wage es trotzdem. Es gelingt, auch ich kann Goliath einen lauten Knall entlocken.

Unsere nächste Station: das Freigehege. Hier wollen wir zeigen, wie schnell diese Ungetüme sich bewegen können. Als wir knapp zehn Meter vor den in der Sonne dösenden Ungeheuern stehen, drückt mir Allen den Stab in die Hand und erklärt mir, dass es wichtig sei, einen solchen Stock dabeizuhaben, um sich die Tiere im Notfall zumindest kurzfristig vom Hals zu halten. Ich nicke und auf Allens Zeichen hin stürmen wir los.

Tatsächlich stürzen die erschrockenen Alligatoren und Krokodile mit einer atemberaubenden Geschwindigkeit ins Wasser und sind blitzartig verschwunden – aber nicht alle! Einer der Kameraden hat sich nur kurz abgewandt, sich dann aber eines Besseren besonnen und bewegt sich nun höchst verärgert und wütend fauchend in unsere Richtung. Ich höre Allen noch irgendetwas sagen – da bin ich auch schon weg, im Galopp in Richtung Ausgang. Natürlich mit dem Stab in der Hand! Allen kommt gemächlich nach, grinst und sagt gespielt vorwurfsvoll: »Wenigstens den Stab hättest du mir dalassen können …!« Jetzt müssen wir alle lachen.

Höhepunkt der Tour durch Gatorama ist ein Besuch bei »Mighty Mike«, dem Star und Vorzeigealligator der Farm. Mike ist sechs Meter lang und wiegt knapp anderthalb Tonnen. Mithilfe einer Wassermelone wollen wir demonstrieren, wie kräftig der Biss eines Alligators sein kann. Allen reizt Mike und bringt ihn dazu, sein Maul weit zu öffnen. Jetzt werfe ich die fußballgroße Wassermelone hinein und im selben Moment ist alles um uns herum plötzlich rot! Mike hat, sobald die Wassermelone seinen Gaumen berührte, sein Maul zuschnappen lassen. So schnell kann man gar nicht gucken! Unglaublich! Im Bruchteil einer Millisekunde – mit diesem dumpfen Knall – haben die zuschnappenden Kiefer die Melone nahezu atomisiert, das rote Wassermelonenfleisch schwimmt dramatisch höchst wirkungsvoll großflächig über das Wasser verteilt.

Ich blicke zu Allen. »Das hätte auch ein Kopf sein können!«, sagt er. Lächelnd geht er zu Mike und bringt ihn erneut dazu, sein riesiges Maul zu öffnen. Jetzt steckt er seine Hand zwischen die beiden gewaltigen Kiefer und tippt beim Rausziehen ganz leicht gegen den Gaumen des Reptils. Wieder ist der laute Knall zu hören, als die Kiefer aufeinanderprallen.

»Harro, willst du das auch mal versuchen?« Allen sieht mich herausfordernd an. Ich schlucke – dann gibt es kein Zurück mehr: Ja, ich will! Ich nehme den Stab und bringe Mighty Mike dazu, seinen Rachen weit zu öffnen, indem ich mit dem Stab auf seinen Schädel tippe. Vorsichtig rutsche ich ein bisschen näher und berühre zunächst mit der Hand seine Nase. Das Maul ist jetzt weit genug geöffnet. Langsam lasse ich meine Hand zwischen Ober- und Unterkiefer wandern, immer den Blick auf den riesigen Alligator vor mir gerichtet. Ich atme ein, zwei Mal tief durch, dann bin ich so weit. Beim Herausziehen tippe ich mit den Fingerspitzen hinter der ersten Zahnreihe gegen den Gaumen und spüre noch kurz die Spitzen der leicht nach innen gebogenen Fänge – dann knallt es auch schon. Ich habe es geschafft!

Ich mache das Ganze noch drei, vier Mal für die Kamera und habe danach gefühlte zehn Liter Adrenalin

in meinem Körper. Doch das ist noch nicht das Ende der Prüfungen. Allen setzt sich plötzlich auf dieses Ungetüm und erklärt mir seelenruhig, wie er einen Alligator oder ein Krokodil für einen Transport fertig macht. Und wieder Allens herausfordernder Blick: Auch diese Übung muss ich jetzt nachmachen.

Die wichtigste Regel ist, sich möglichst nah hinter die Vorderbeine des Alligators zu setzen und auf keinen Fall diese Position zu verlassen. Um jeden Preis sitzen bleiben! Denn nur hier ist man vor den Bissattacken des Ungetüms und den tückischen Schwanzschlägen sicher. Und alles muss sehr schnell gehen!

Mit dem Stab in der Hand nähere ich mich Mighty Mike. Zunächst drücke ich ihm mit dem Stab auf das

Auge, das mich gerade fixiert und das er nun schließen muss. Keine Reaktion, keine Abwehr! Damit habe ich ihn auf dieser Seite erst einmal blind gemacht. Jetzt setze ich mich auf den schuppigen rauen Rückenpanzer. Sofort beginnt das Tier, mit mir auf dem Rücken loszukriechen und sich dabei heftig zu winden. Ich versuche, irgendwo und irgendwie Halt zu finden. Um nichts in der Welt darf ich meine Position jetzt verlassen!

Und nun muss ich den nächsten Schritt wagen: mit den Fingern meiner einen Hand beide Augen des Krokodils zudrücken, während die andere den Stab hält. Erst dann, so hatte Allen mir erklärt, würde das Ungetüm Ruhe geben. Eine ganz simple Sache: Wenn ein Alligator nichts sieht, greift er auch nicht an!

Nach einem kurzen, aber recht heftigen Ritt schaffe ich es, und der sechs Meter lange Koloss bleibt zu meiner Überraschung tatsächlich regungslos am Boden liegen – ich spüre nur noch seine Atmung unter mir! Mein Herz klopft wie wild, doch ich bin überglücklich, es geschafft zu haben!

Ich spreche mein Fazit in die Kamera und springe danach sofort von dem Rücken dieses Drachen. Ich stehe dermaßen unter Strom und im Adrenalin-Rausch, dass ich noch mehr quassele als sonst – wirklich! Was für eine Erfahrung!

British
Columbia

Im Inneren einer Spinne

Mit acht Beinen unterwegs

Eine echte Premiere wartet auf mich, denn zum ersten Mal betrete ich kanadischen Boden. Ich weiß, dass ich leider wieder nur ein paar Stunden hier verbringen werde, aber schon die ersten Eindrücke fesseln mich so sehr, dass ich mir schwöre: Hier komme ich eines Tages wieder her! Vancouver im Herbst, das muss man unbedingt erlebt haben.

Wir fahren in ein stadtnahes Industriegebiet. Hier soll ich eines der verrücktesten Fahrzeuge der Welt zu Gesicht bekommen, den »Mondo Spider«. Es handelt sich um eine mechanische Laufmaschine, eine Spinne! Dieses Fahrzeug besitzt, wie sein tierisches Vorbild, acht Beine und wird von einem Benzinmotor und zwei Hydraulikmotoren angetrieben. Der Mondo Spider ist 2,4 Meter lang und 1,5 Meter hoch.

Wenn der Spider vor einem steht, erinnert er an eine Maschine aus Matrix oder aus einem anderen Science-Fiction-Film. In der Mitte vorne – sozusagen am Kopf der Spinne – ist ein Sitz montiert, an dem sich rechts und links, wie bei einem Bagger, Steuerhebel befinden. Die acht Stahlbeine werden mit Ketten über ein kompliziertes Zahnradsystem betrieben, und diese Antriebssysteme der Beine müssen alle exakt aufeinander abgestimmt sein.

Jeweils vier Beine auf einer Seite bilden eine synchronisierte Einheit. Damit die Maschine nicht kippt, müssen immer mindestens vier der acht Beine, also mindestens zwei pro Seite, den Boden berühren. Es handelt sich also um ein Meisterwerk der Technik.

Gemeinsam haben Leigh Christie, Charlie Brinson, Brad Buss, Ryan Johnston und Tony Geluch dieses Ding im Jahre 2006 erschaffen und für das Festival »Burning Man« gebaut. Dieses legendäre Festival, das alljährlich in der Black Rock Desert stattfindet, ist bekannt für besonders kreative »Art Cars« und jede Menge Verrücktheiten.

Zum heutigen Meeting sind allerdings nur zwei von den Erfindern da: Die Jungs haben am Abend zuvor eine heftige Halloween-Party gefeiert, und nur Leigh und Ryan haben es heute zum vereinbarten Termin geschafft. Meine Güte, was sind die Jungs fertig! Rot unterlaufene Augen und ein Atem aus reinem Spiritus lassen ahnen, wie die Halloween-Feier der Mondo-Spider-Erfinder verlaufen ist. Dementsprechend leicht verlangsamt geht alles voran. Die Spinne muss noch an einigen Stellen repariert werden. Und natürlich funktioniert nicht alles auf Anhieb.

Aber die Jungs sind trotz ihres Handicaps voll bei der Sache. Nach knapp drei Stunden haben sie den

»Mondo Spider« wieder flott gemacht, und ich bekomme eine Einführung, wie dieses Gerät funktioniert. Wir bauen einen Parcours aus Verkehrspylonen auf, und Leigh zeigt mir, wie man die Spinne steuert.

Im Prinzip funktioniert sie wie ein Kettenfahrzeug: Schiebt man den rechten Hebel nach vorne und den linken zurück, vollführt der Mondo Spider eine Linkskurve. Schiebt man den linken vor und den rechten zurück, eine Rechtskurve. Werden beide Hebel nach vorne gedrückt, geht er vorwärts, werden beide zurückgezogen, läuft er rückwärts.

Ich hole eine Stoppuhr aus der Tasche und fordere Leigh zum Duell auf. Er schafft den Parcours in zwei Minuten und 30 Sekunden. Jetzt bin ich dran. Ich setze mich in das futuristische Ungetüm, drehe den Zündschlüssel und warte auf das Zeichen von Leigh. 3, 2, 1 – los! Ich schiebe die beiden Hebel nach vorne und werde sofort durchgeschüttelt wie bei einem Rodeo-Ritt. Die acht Beine schieben sich mit einer Geschwindigkeit von bis zu acht km/h vorwärts und bringen dabei das gesamte Konstrukt zum Beben.

So ein Gefühl habe ich noch nie erlebt – es gibt keinen Vergleich zu irgendeinem anderen Fahrzeug auf dieser Erde. Alles andere hat entweder Räder, schwimmt auf oder unter dem Wasser oder fliegt in der Luft oder auf einem Luftkissen. Hier sind es acht Beine, die das Fahrzeug rüttelnd und zuckend nach vorne, nach hinten oder im Kreis bewegen. Das Ganze macht einen Heidenspaß. Ich schaffe den Parcours dann auch irgendwann in drei Minuten und sechs Sekunden.

Als Letztes probieren wir den Mondo Spider in der

freien Natur aus. Hohes Gras, kleine Sträucher, Bäume und Wasserpfützen. Das haben die Jungs mit ihrer Maschine noch nie gemacht – und sie zeigen sich zu Beginn auch diesem Vorhaben gegenüber entsprechend skeptisch.

Doch dann siegt der Sportsgeist und wir kriechen

mit der Spinne tatsächlich und im wahrsten Sinne des Wortes über Stock und Stein. Ein echtes Abenteuer! Ich komme mir vor wie Luke Skywalker auf der Suche nach der Macht. Und bei diesem Dreh scheint sie mit mir zu sein!

AFRIKA

Geburtstag in Ägypten

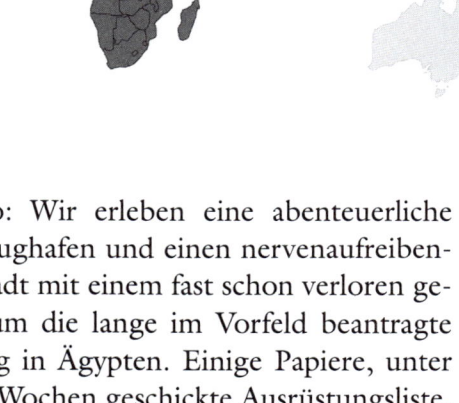

Ägypten

Kamelfleischeintopf und andere Köstlichkeiten

Ankunft in Kairo: Wir erleben eine abenteuerliche Nacht auf dem Flughafen und einen nervenaufreibenden Tag in der Stadt mit einem fast schon verloren gegebenen Kampf um die lange im Vorfeld beantragte Drehgenehmigung in Ägypten. Einige Papiere, unter anderem eine vor Wochen geschickte Ausrüstungsliste, sind nicht aufzutreiben. Zermürbende Wartezeiten, nervtötende Fehlinformationen, zahlreiche vergebliche Aktionen, ein Beamter ist hier wichtiger als der andere – alle Klischees des orientalischen Bürokratenwesens begegnen uns in Reinkultur.

Nachmittags geht unser Flieger von Kairo nach Scharm El-Scheich (die Bucht des Scheichs) auf die Sinai-Halbinsel. Nach einem einstündigen Flug werden wir am Flughafen von Jutta Brasch abgeholt, einer Deutschen, die sich vor knapp zwei Jahrzehnten in diese raue Landschaft südlich des Sinai-Hochlandes verliebt hat und daraufhin beschloss, sich hier eine

Existenz aufzubauen. Heute organisiert sie verschiedene Touren für Touristen aus aller Welt, vor allem aber für Deutsche.

Jutta bringt uns ins »Sharks Bay«, ein richtig schönes Hotel direkt am Meer. Leider können wir diesen tollen Ort kaum genießen, denn nach einem kurzen Abendessen fallen wir alle todmüde ins Bett.

Hier beginnt also – Inschallah! (So Gott will!) – unsere erste Ägypten-Geschichte: Am nächsten Morgen holt uns Jutta ab, dieses Mal in Begleitung eines Beamten der Polizei. Diesen haben wir am vorangegangenen Abend noch kontaktiert, da er uns begleiten soll. So lauten die zuletzt in Kairo erhaltenen Auflagen. Ohne ihn hätten wir gar nicht arbeiten dürfen. Mit ihm und seiner schriftlichen Drehgenehmigung passieren wir ohne Probleme die Checkpoints auf unserem Weg ins Wadi Rum. Ich soll heute bei einer Karawane mitreiten – eine der außergewöhnlichsten Methoden, um von A nach B zu kommen!

An einem riesigen Sandstein mitten in der Wüste warten schon acht Beduinen auf uns. Sie sitzen um ein Feuer. Als ich eintreffe, bekomme ich – so ist es Brauch – eine Tasse mit sehr süßem Tee gereicht. Ein Ritual der Gastfreundschaft. Nachdem ich den Tee getrunken habe, nimmt mich einer der Beduinen, Mohammed, beiseite und überreicht mir die landestypische Kleidung: einen Turban, ein Untergewand und den »Burnus«, den Kapuzenmantel, den die Beduinen auch bei größter Hitze tragen, da er wie eine kühlende Hülle um den Körper liegt.

Ich ziehe mich um, und schon geht es los. Mohammed zeigt mir, wie ich auf mein am Boden kauerndes Dromedar aufsteige. Der Unterschied zum Reiten auf einem Pferd besteht in der Sitzhaltung. Der Sattel hat vorne und hinten jeweils einen abgerundeten Holzsporn. Dazwischen sitzt man wie auf einem normalen Sattel. Ein Fuß wird jetzt jedoch unter das gegenüberliegende Knie gelegt – ein »halber« Schneidersitz sozusagen.

Der vordere Holzsporn ragt jetzt zwischen meinen Beinen hervor, an diesem kann ich mich festhalten. Vor allem beim Aufstehen des Dromedars sollte man das dringend tun: Wenn nicht, fällt man durch die zunächst extreme Vorwärts- und gleich darauf erfolgende Rückwärtsneigung des Tieres sofort wieder aus dem Sattel! Außerdem sollte man die unter dem Knie liegende Fußspitze anziehen, denn dadurch verknotet man sozusagen beide Beine und erzielt so eine bessere Stabilität. Das herunterhängende Bein dient zum Antreiben des Dromedars.

Die ersten Meter führt Mohammed mein Dromedar durch den heißen und in der Hitze flirrenden Wüstensand, dann lässt er mich alleine reiten. Das Führen des Tieres ist ganz einfach: Wie bei einem Pferd lenkt man mit den Zügeln, das Tempo kann man durch bestimmte Rufe und den Einsatz des herunterhängenden Beines bestimmen.

15 Dromedare, acht Beduinen und ein Ostfriese reiten jetzt durch die stille Einsamkeit der Sinai-Wüste. Nur gefolgt von einem unter dem Gewicht seiner Kamera und der gnadenlosen Hitze leidenden Kameramann und dem schwitzenden Redakteur an seiner Seite.

In diesem Moment bin ich wirklich froh, den Job des Reporters auszuüben.

Wir reiten fast zwei Stunden lang im typischen Tempo der Passgänger, Schritt für Schritt: nur nicht zu viel Energie verbrauchen! An uns zieht eine atemberaubende Landschaft vorbei: Sandsteinformationen, die durch den ständigen Wind zu abenteuerlichen Gebilden erodiert sind, und dazwischen immer wieder Sanddünen und Sandberge. In allen möglichen Farben kann man den Sand hier antreffen: Rot, Gelb, Grau, Blau, Schwarz oder Grün – er ist allgegenwärtig. Der feine Wüstensand kitzelt in der Nase und brennt in den Augen.

Als wir eine kleine Teepause machen, spüre ich meine Knie und vor allem die Druckstellen am Allerwertesten. Nun zeigen mir die Beduinen, wie man Aschebrot backt. Zunächst machen sie aus mitgebrachtem Holz und ein paar gesammelten trockenen Akazienwurzeln ein Feuer. Als das Holz zu glühender Kohle wird, verteilen sie diese auf dem Sand. Dabei habe ich das Gefühl, dass er schon ohne diese Zugabe heiß genug zum backen ist.

In der Zwischenzeit kümmert sich einer der Beduinen um den Teig. Der wird zu einem Brot geformt und direkt in die Asche gelegt. Die überschüssige Asche wird dann auf das Brot geschaufelt – fertig ist der »Naturofen«! Nach ungefähr 15 Minuten ist das Brot fertig ausgebacken und es schmeckt köstlich!

Dazu wird Tee gereicht, der so süß ist, dass es einem den Mund zusammenzieht. Kaum zu glauben, dass die Beduinen noch einen guten Esslöffel Zucker zusätzlich in ihre kleinen Gläser kippen.

Danach geht es wieder weiter. Noch mal knapp zwei Stunden bis zu unserem Nachtlager. Zwischenzeitlich können der Kameramann und der Redakteur eine kurze Strecke im Jeep fahren, bevor sie der Karawane wieder zu Fuß folgen müssen. Im Nachtlager angekommen, zeigt mir Mohammed, wie man in der Wüste eng aneinandergekuschelt in warmen Kamelhaardecken schläft. Und dieses Zusammenkuscheln ist wirklich nötig, denn nachts können die Temperaturen hier bis auf unter null Grad fallen.

Gegen 19 Uhr haben wir alles im Kasten. Die abenteuerliche Karawanenreise findet damit leider ihr Ende. Mein Kamerateam ist sichtlich froh darüber, und ich kann es verstehen. Die beiden haben an diesem Tag wirklich einen Knochenjob gemacht. Am selben Abend fahren wir nach Nuweiba, einer kleinen Stadt an der Ostküste der Sinai-Halbinsel, und übernachten in der Ghannah Lodge.

Am Tag darauf, an meinem 34. Geburtstag, wartet eine ganz besondere Geschichte auf mich: Ich soll lernen, einen Kamelfleisch-Eintopf zu kochen. Greta Sinnaeve, eine Belgierin, ist unsere Gastgeberin. Sie leitet schon seit über 15 Jahren die Ghannah Lodge. Sie hat sich von Anfang an um die ortsansässigen Beduinen und deren Kinder gekümmert, unterstützt den Bau von Schulen, bezahlt zum Teil aus eigener Tasche die Lehrkräfte und versucht auf diese Weise, den Beduinen eine Zukunft zu ermöglichen.

Die Ghannah Lodge ist eine traumhaft schöne Anlage im traditionellen Beduinenstil. Ein Badehaus, mit

Duschen und Toiletten, kleine Räume mit lediglich einer kleinen Matratze darin; und am Strand liegen mit Kamelhaardecken überspannte Kissen. Alles hier ist sehr schlicht gehalten und fügt sich nahtlos in die karge Umgebung ein. Ein wirklich unglaublich schöner Ort.

Ein Großteil ihres Vermögens hat Greta Sinnaeve in dieses Projekt gesteckt, und sie ist darauf angewiesen, mit der Ghannah Lodge Geld zu verdienen, um ihre zahlreichen sozialen Projekte zu finanzieren. Doch durch die vielen Terroranschläge und den nahen Konflikt am Gazastreifen bleiben die Touristen weg. Die Einkünfte schwinden. Leider, denn was diese Frau macht, verdient allerhöchsten Respekt. Die Beduinen lieben sie und wissen zu würdigen, was Greta für sie tut.

Den Kamelfleisch-Eintopf soll ich mit ihrem Koch, der aus Nubien stammt, zubereiten. Dafür fahren wir zunächst zu einem Kamelhändler. Dort erklärt er mir, welche Kamele für ein solches Mahl geeignet seien. Das beste Fleisch liefern natürlich die jungen Tiere. Früher wurden fast nur alte oder kranke Kamele geschlachtet, da ein gesundes Tier für den jeweiligen Besitzer viel zu wertvoll war, um daraus Essen zuzubereiten. Der Besitz eines Kamels war und ist in der Wüste ein Zeichen für Wohlstand. Daher ist der Verzehr von Kamelfleisch nach wie vor nur für ganz besondere Anlässe, wie zum Beispiel Hochzeiten oder Geburtstage, reserviert. Na, das passt ja heute.

Wir verlassen den Händler und fahren zurück zur Lodge. Hier hat Greta schon einen Kamelhintern organisiert – inklusive Schwanz! Über 20 Kilogramm Fleisch hängen an einem Baum und warten darauf, von uns zerlegt zu werden. Wir schneiden uns durch die Muskelberge, bis nur noch der reine, weiße Knochen übrig bleibt.

Das Fleisch wird in etwa faustgroße Stücke zerteilt, wobei wirklich alles genutzt wird, egal ob Fett, Knorpel oder Fleisch. Myriaden von Fliegen surren über dem Fleischberg, immer so lange, bis eine Hand sie wieder für kurze Zeit verscheucht. Wir schälen Kartoffeln, schneiden Tomaten und Zwiebeln klein und geben alles zusammen mit dem Fleisch und ausreichend Wasser in einen riesigen Topf.

Zwischenzeitlich entzündet der Koch in einem gemauerten, ein Meter breiten und über ein Meter tiefen Erdloch ein Feuer. Als das Holz nur noch glühende Kohle ist, wird der Topf mit einem Deckel verschlossen, mit Lehm an den Seiten abgedichtet und in das Loch hinabgelassen. Nun fachen wir das Feuer mit frischem Holz erneut an. Immer wieder kommt neues Holz dazu, damit sich auch um und auf dem Topf die glühende Kohle sammeln kann.

Gute zwei Stunden bleibt der Topf in diesem Höllenofen – währenddessen setzen wir auf einer anderen Feuerstelle den Reis auf. Einige Frauen bereiten das dünne Fladenbrot zu, das ebenfalls zu dem Festschmaus gereicht werden soll.

Als alles fertig ist, mache ich es mir zusammen mit fast 15 Beduinen in einer am Strand vorbereiteten Kissenlandschaft bequem, hinter mir das Rote Meer und dahinter die Konturen der kargen Berge Arabiens.

Auf großen Silbertabletts wird uns jetzt das Festmahl

gereicht – eine dicke Schicht Reis, darüber die Tomaten, Zwiebeln, Kartoffeln und natürlich das Kamelfleisch. Das sieht wirklich aus wie Gulaschstücke. Gegessen wird natürlich mit den Händen. Sobald das
Tablett auf dem Tisch steht, strecken sich alle Hände
dem Essen entgegen. Es entbrennt teilweise ein richtiger Kampf. Das Kamelfleisch schmeckt übrigens wie
Rindfleisch und ist durch das lange Kochen schön
weich und zart geworden.

Unser Mahl wird ein wunderschönes, ausgelassenes
Fest. Im Hintergrund die atemberaubende Landschaft
und um mich herum diese freundlichen und guten
Menschen, die ihr Leben im Einklang mit der Wüste
verbringen. Einen schöneren Geburtstag kann ich mir
gar nicht vorstellen.

»Hallo, ich bin Matt Damon«

Stars in Südafrika

Südafrika

Wir landen gegen halb fünf Ortszeit in Kapstadt und fahren von dort aus direkt in Richtung Gansbaai. Auf der knapp dreistündigen Fahrt werden wir Zeugen eines atemberaubenden Sonnenuntergangs über Kapstadt. Ich bin zum ersten Mal in Südafrika und habe eine ganz besondere Verabredung: Ich soll Mike Rutzen treffen. Seine Spezialität: Weiße Haie.

Aber das Wetter und die Sichtverhältnisse im Meer lassen am nächsten Tag keine Dreharbeiten zu. Also nutzen wir die Zeit, um ein paar Aufnahmen von Kapstadt zu machen. Wir fahren bis an die Seilbahnstation des berühmten Tafelberges und filmen den wunderschönen Blick über die Stadt.

Danach entscheiden wir uns, auch noch die eininhalb Stunden bis zum Kap der Guten Hoffnung zurückzulegen. Auch hier genießen wir in vollen Zügen die gewaltige, farbenfrohe Natur. Ich verliebe mich immer mehr in dieses Land! Erschöpft von den vielen tollen Eindrücken kommen wir abends wieder in Gansbaai an.

Mike Rutzen wartet schon auf uns und wir beginnen den folgenden Tag zu besprechen. Doch es hagelt Hiobsbotschaften. Zum einen verlangt Mike eine für uns unbezahlbare Summe als Honorar und zum anderen warnt er uns schon einmal vor, dass es bei den Sichtverhältnissen schwer werden wird, Haie zu filmen. Es ist ein Desaster: Der erste Tag fällt aus und wir müssen unsere weiteren Pläne auch noch über den Haufen werfen. Natürlich sind Mikes Honorar-Vorstellungen nicht völlig überzogen – er ist schließlich der »Sharkman«!

Mike Rutzen hat vor acht Jahren mit der BBC eine erstaunliche Reportage über den Weißen Hai gemacht und ist der Einzige, der diesen Monstern im wahrsten Sinne des Wortes die Nase streicheln kann, ohne in einem Käfig zu sitzen. Er spielt sozusagen mit den bis zu acht Meter langen und mehr als drei Tonnen schweren Monstern im freien Wasser. Wenn er unser Angebot angenommen hätte, wäre das in etwa so, als ob Michael Ballack plötzlich bei der SpVg Aurich unterschreiben oder Günther Jauch meinen Geburtstagskaffee moderieren würde … Aber da wir von so weit hergekommen sind, bietet er uns eine alternative Lösung an, die so schlecht gar nicht ist: Er geht zwar nicht mit ins Wasser, will mich aber bei allem unterstützen und das Beste daraus machen. Es soll am folgenden Tag erst mittags losgehen, da Mike vorher noch mit Matt Damon tauchen gehen wird, wie er beiläufig erwähnt. Für ihn ein ganz normaler Arbeitstag!

Am nächsten Morgen stehen wir schon um zehn Uhr bei »Shark Diving Unlimited« auf der Matte, da wir noch einige Bilder von der Tauchstation machen wollen, bevor es losgeht. Ich gehe in das Crew House und laufe fast Matt Damon über den Haufen.

»Hallo, ich bin Matt Damon!«

»Ähm … hallo, ich bin … Harro!«

Ich bin für gewöhnlich wirklich nicht auf den Mund gefallen, aber in diesem Moment bin ich sprachlos. Dann erinnere ich mich wieder, warum wir hier sind, und frage Matt Damon, ob er denn schon draußen bei den Haien gewesen sei und ob er Angst gehabt habe.

Matt Damon lacht und erwidert, dass es kaum Zeit zum Angstbekommen gäbe, denn die Riesentiere würden urplötzlich auftauchen, und dann sei man einfach nur noch fasziniert von dieser Urgewalt. Dann fragt er mich, was ich denn so mache. Ich erzähle von Pro Sieben, Galileo und meiner Arbeit für Mission Wissen Weltweit.

»Hey, wow! Das ist cool. So einen Job hätte ich auch gern!«

Wirklich ein sehr nettes und ungezwungenes Gespräch – ein völlig relaxter, cooler Typ. Dann lasse ich ihn und seine Familie in Ruhe. Zugegeben, ich hätte gerne noch ein paar Worte mit ihm gewechselt, ihm meine Visitenkarte gegeben und, ach ja, ein Foto mit ihm wäre ja auch noch ganz nett gewesen, vielleicht noch ein Autogramm für mich und ein paar Freunde … Aber nichts von alledem mache ich. Ist auch besser so, der Arme erlebt das bestimmt oft genug. Später kommt er noch einmal vorbei, wünscht uns alles Gute für unseren Dreh und verabschiedet sich.

Jetzt kann es losgehen. Mike bringt uns zu seinem Schiff und wir gehen unverzüglich an Bord. Inzwischen bläst eine ordentliche Brise. Mike sagt uns, es könnten bis zu sechs Meter hohe Wellen aufkommen. Ein weiterer Kameramann stößt zu uns, um die Unterwasserbilder zu machen – genauer gesagt, um die Angst in meinen Augen zu zeigen, wenn das Ungetüm auf mich treffen wird.

Aber zunächst müssen wir den richtigen Spot finden. Es ist ja nicht so, dass man nur aufs Meer hinausfahren muss und dann automatisch auf Haie trifft. Die sind nämlich rar: Pro Jahr werden fast 20 Millionen Haie getötet; zum einen sind es unbeabsichtigte Beifänge der Tiefseefischer, zum anderen aber gezielte Fänge vor allem für den asiatischen Markt. Die Asiaten lieben zum Beispiel Haifischflossensuppe. Kein Wunder, dass Mike eine ganze Weile suchen muss, um seine geliebten Weißen Haie zu finden. Aber der alte Hase kennt natürlich die richtigen Plätze.

Das Boot schaukelt in der unruhigen See hin und her. Die Wellen sind inzwischen tatsächlich gefühlte sechs Meter hoch – in Wirklichkeit vielleicht drei oder vier Meter. Zuerst suchen wir an einem nahe gelegenen Riff, doch da sich die Wellen hier am höchsten auftürmen, müssen wir aus Sicherheitsgründen eine andere Stelle wählen. Nach einer guten halben Stunde sind wir da, und dann geht es los: Die Crew gießt immer wieder mit fauligen Fischeingeweiden und Fischblut gemischtes Wasser ins Meer, um »The Great White« anzulocken.

Es dauert gar nicht lange, da tippt mir Mike auf die Schulter: »There is your first one!« Ich schaue angestrengt in die angezeigte Richtung, sehe aber beim besten Willen nichts. Absolut gar nichts! Die Crew kippt weiter die faulige, stinkende Mischung ins Wasser, und dann plötzlich sehe ich ihn: Ein riesiger Schatten schiebt sich aus der Tiefe an die Oberfläche und gleitet an unserem Boot vorbei. Die Finne schaut nur kurz aus dem Wasser, dann ist der Hai auch schon wieder weg.

Mike drückt mir eine Leine mit zwei großen Fischköpfen in die Hand: »Now you must bring him to the boat! This is a visual resonance for the smell. First they think the boat is the food, and maybe they disappear when there is nothing else. But with these fishheads they will stay! Be careful, they should not eat it, it should only be an attraction for them!« Ich soll also diese Fischköpfe wie eine Stoffmaus für Katzen benutzen. Es gilt, die Leine zum richtigen Zeitpunkt anzuziehen. Ich packe sie und werfe die Fischköpfe über Bord. Anschließend beobachte ich angespannt das grünlich schimmernde Wasser. Die hohen Wellen rütteln an unserem Boot und ich starre gebannt auf den Köder.

Plötzlich ruft Mike etwas, das ich aufgrund des immer stärker werdenden Windes nicht verstehe – und dann ist es auch schon zu spät. Ein gut vier Meter langer Hai hat sich die beiden Köpfe mit einem beherzten Biss geschnappt. Ich sehe nur noch die Schwanzflosse schlagen, und schon ist er weg. Die Leine baumelt in meinen Händen. Ich muss ein ganz schön verdutztes Gesicht gemacht haben, denn sowohl Mike als auch die Crewmitglieder lachen lauthals auf.

Mike kommt auf mich zu und reicht mir eine Sonnenbrille, wie er sie selbst trägt, und erklärt mir, dass ich damit in der Lage sei, die Tiere früher zu erkennen. Ohne Brille erschwert die auf der Wasseroberfläche reflektierende Sonne die Sicht. Er nimmt mir die Leine ab und zeigt mir, wie es funktioniert. Er wartet, sieht den Schatten und zieht, kurz bevor der Hai zuschnappen kann, die Fischköpfe ein Stück an. Der Hai beißt ins Leere und verschwindet wieder in der grünen Tiefe.

Jetzt bin ich dran. Mit der Brille kann ich tatsächlich besser sehen. Später erfahre ich, dass sie polarisierend ist und damit Lichtreflektionen verhindert. Ich werfe den Köder aus und warte – und warte – und da: ein Schatten! Keine vier Meter von meinem Köder entfernt huscht eine Angst einflößende Silhouette vorbei und beginnt die Beute langsam zu umkreisen, wobei sie immer wieder hinter einem grünen Schleier verschwindet. Ich verharre in meiner Position, bereit, an der Leine zu ziehen, doch noch ist der richtige Zeitpunkt nicht gekommen. Ich starre in das trübe Grün und warte. Dann taucht er plötzlich wieder auf – diesmal näher und zielstrebiger. Der Hai steuert direkt auf den Köder zu, beschleunigt unglaublich und schnappt zu. Aber zu spät! Ich habe den richtigen Moment erwischt und die Fischköpfe Sekundenbruchteile vor seinem tödlichen Biss weggezogen! Jetzt applaudiert die Crew, auch Mike lächelt. Ein perfekter Moment: Das Maul des Weißen Haies schießt aus dem Wasser, seine Zähne glitzern im Sonnenlicht, bevor er zubeißt. Dann verschwindet er wieder im Nichts.

Die Angriffstaktik der Haie ist wirklich beeindruckend. Zuerst umkreisen sie die potenzielle Beute – ganz gemächlich, als ob sie einen Spaziergang machen würden –, um dann plötzlich zuzustoßen. Mike sagt mir, dass dieser Spot ein ideales Jagdrevier für die Haie sei. Da sie ihre Beute hauptsächlich durch das Orten elektrischer Impulse aus der Muskulatur des Opfers aufspüren, seien die schlechten Sichtverhältnisse, die wir gerade haben, genau das Richtige für diese Jäger. Selbst orten können, aber dabei nicht gesehen werden – besser geht es nicht. Schon wieder taucht ein Schatten auf, wieder warte ich auf den richtigen Moment und wieder habe ich Erfolg! Der Hai beißt ins Leere und wir haben fantastische Bilder im Kasten!

Mike packt mich an der Schulter, reicht mir eine Taucherbrille und einen Neoprenanzug. Jetzt soll ich also in den Käfig! Die Wellen lassen das Boot immer noch heftig hin und her rollen, die Sichtverhältnisse sind wirklich schlecht. Doch wir haben nur diesen einen Tag, nur diese eine Chance! Der Unterwasser-Kameramann wartet schon auf mich. Ich schlüpfe in den Anzug, setze die Brille auf und hocke mich an die Reling. Ein 2,5 Meter langes und 1 Meter breites Gestell aus grobmaschigem Stahl schaukelt unter mir in den hohen Wellen und knallt dabei immer wieder gegen die Bordwand.

Ich muss kurz durchatmen. Natürlich bin ich nicht der Erste, der in so einem Käfig den Haien näher gebracht wird, aber sowohl das ungünstige Wetter als auch die erschreckende Größe dieser Tiere machen mich nervös. Als ich gerade die Brille aufgesetzt habe, um in das zwölf Grad kalte Wasser zu steigen, sehe

ich unmittelbar vor mir eine riesige Rückenflosse auftauchen. Sie ist mindestens 50 Zentimeter hoch und
durchschneidet das Wasser keine zwei Meter entfernt.
Unter ihr sehe ich den leicht bläulich schimmernden
Körper. Fünfeinhalb Meter Weißer Hai gleiten lautlos
an mir vorbei, um plötzlich wieder hinter dem grünen
Vorhang zu verschwinden.

Mein Herz pumpt um einiges schneller als noch
vor fünf Minuten. Dieses Tier war richtig groß. Ach
du meine Güte! Mike erklärt mir noch einmal schnell,
worauf ich achten soll: Zunächst auf der gelb markier-
ten Haltestange innerhalb des Käfigs und unterhalb des
großen Gucklochs knien und auf sein Kommando warten. Dann Luft holen und abtauchen, keine Gliedma-
ßen aus dem Käfig ragen lassen und vor allem nicht
versuchen, den Hai zu berühren. Na klar, ich habe verstanden! Trotzdem muss ich noch einmal tief durchatmen, denn von der Kante des Käfigs aus, auf Was-
serspiegelniveau, wirkt alles noch viel größer als vom
Boot aus.

Jetzt kommt das Kommando. Ich hole Luft, drücke
mich in den Käfig hinunter und schaue in das endlose
Grün vor mir. Die Sekunden verstreichen. Eine, zwei,
drei, vier, fünf – ich will gerade wieder auftauchen, da
sehe ich ihn! Es wird ganz plötzlich dunkel, und zwei
Reihen großer, weißer und dreieckiger Zähne graben
sich in die Kante des Käfigs, knappe 20 Zentimeter vor
meinen Augen und keine zehn Zentimeter von meinen an der Haltestange festgekrallten Händen entfernt.
Mein Herz hämmert wie ein Luftdruckmeißel!

Ich verharre sekundenlang in dieser Stellung – unfähig, mich zu bewegen. Dann tauche ich auf und versuche, das Erlebte vor der oben wartenden Kamera in Worte zu fassen. Der Kameramann, der mit mir in dem Käfig war, will noch einmal runter, um mich während eines Haiangriffs zu filmen. Mike lächelt nur und sagt, das sei ein richtiger Brocken gewesen. Ich solle noch einmal in Position gehen, und er wolle erneut versuchen, den Hai anzulocken. Dafür benutzt er dieselbe Taktik wie zuvor. Er lockt den Hai mit den beiden Fischköpfen in Richtung Käfig – dabei lässt er den Köder aber nicht einfach im Wasser hängen, sondern zieht ihn immer wieder von etwa zehn Metern Entfernung langsam auf den Käfig zu. Ich hocke wieder in der Ausgangsstellung und warte auf Mikes Kommando.

Da es diesmal länger dauert, tun mir nach knappen zehn Minuten die Knie weh. Um sie ein bisschen zu entlasten, hebe ich mal das eine, mal das andere kurz an. Doch plötzlich verliere ich den Halt und mein linkes Bein rutscht ins Nichts. Ach, du Schei… ! Mein Bein baumelt außerhalb des Käfigs in dieser grünen Suppe herum. Ich versuche, so schnell wie möglich und mit wild schlagendem Herzen, das Bein wieder in den Käfig zu ziehen. Dafür muss ich mich aber erst einmal wieder einen guten Meter hochziehen. Die Zeit scheint stillzustehen. Ich kämpfe mit meinem Bein und habe es gerade wieder in den Käfig bekommen, da höre ich auch schon Mike rufen: »Get down!« Er war so mit dem Ködern beschäftigt, dass er gar nicht mitbekommen hat, was passiert ist. Keine vier Sekunden, nachdem ich mein Bein wieder im Käfig habe, knallt die Nase eines knapp fünf Meter langen Weißen Haies genau an der Stelle gegen den Käfig, an der eben noch mein Bein heraushing – puhhhhh!

Noch zwei Mal lassen sie den Hai auf mich zukommen und jetzt ist mir der Schmerz beim Warten völlig egal, ich verharre in dieser Stellung, bis Mike mir wieder »Get down!« zuruft. Lieber ein eingeschlafenes Bein als ein abgebissenes.

Die Sicht wird mit der untergehenden Sonne zunehmend schlechter, und irgendwann ergibt das Filmen keinen Sinn mehr, weil man nichts erkennen kann. Wir haben genügend gute Bilder bekommen, und es wird auch langsam Zeit, denn mir ist trotz der Aufregung und des ausgeschütteten Adrenalins inzwischen saukalt geworden. Ich klettere aus dem Käfig und wir fahren zurück.

Nach diesem Erlebnis kann ich es noch viel weniger begreifen, wie Mike es schafft, zusammen mit diesen angriffslustigen Tieren ohne Käfig oder sonstigen Schutz im offenen Meer zu schwimmen und sie dabei auch noch anzufassen. Auch wenn er für seine Aktivitäten natürlich auf die richtigen Sichtverhältnisse warten kann und muss, so ist es doch ein unglaubliches Wagnis, das er dabei eingeht. Dieser Mann ist der personifizierte Wahnsinn. Nicht umsonst wird er der »Sharkman« genannt und immer wieder von Hollywood-Größen besucht.

Aber auch wenn man bei Mike Schauspieler wie Brad Pitt, Leonardo DiCaprio oder eben Matt Damon treffen kann: Weitaus beeindruckender sind die Haie.

König der Löwen

Südafrika

Von Kapstadt aus fliegen wir nach Lanseria bei Johannesburg. Dort nehmen wir uns einen Mietwagen und fahren etwa zehn Kilometer, bis wir unser nächstes Ziel erreichen, den »South African Lion Park«. Dieser Park beheimatet 80 Löwen in allen Altersgruppen: Vom Baby bis zum majestätischen König-der-Löwen-Vertreter ist alles vorhanden. Dem Park ist ein Guesthouse angeschlossen, das sich als eine Fünfergruppe sehr komfortabler, fest verankerter Expeditionszelte entpuppt, die um eine Terrasse angeordnet sind. Von hier aus eröffnet sich uns ein grandioses Panorama: Giraffen, Kudus, Springböcke, Zebras und Strauße tummeln sich vor unseren Augen. Es ist einfach herrlich hier. Natur pur – und das, obwohl die Riesenstadt Johannesburg nur wenige Kilometer entfernt liegt.

Wir treffen Alex Larenty. Ein unglaublicher Typ! In seinem Leben hat er schon allerhand Tiere trainiert und dressiert: Grizzlybären, Elefanten, Pferde und Tiger.

Aber seine absoluten Lieblinge sind die weißen Löwen. Er züchtet sie nicht nur, sondern lebt und arbeitet mit den Rudeln in offener Wildbahn – ohne jeglichen Schutz! Die bis zu 300 Kilogramm schweren Raubkatzen leben in fünf Hektar großen Freigehegen in Rudeln zusammen. Alex ist über die Jahre zu einer Art »Alphatier« aller Rudel geworden. Die Tiere besitzen großen Respekt vor Alex, sodass er sich zwischen ihnen frei bewegen kann. Egal ob es sich um Geparden, Hyänen, Mungos, braune oder eben weiße Löwen handelt. Alle sind mit ihm vertraut und reagieren sofort auf seine Stimme, wenn er sie ruft.

Er spielt mit ihnen, knuddelt sie und füttert sie sogar aus der Hand. Natürlich geschieht es ab und an, dass der eine oder andere halbstarke Bursche oder die eine oder andere vorwitzige Löwendame versucht, sich an Alex heranzuschleichen, um ihn und seine Reaktionen zu testen. Doch das merkt Alex sofort. Er kommt dem Tier dann zuvor, indem er einfach einen Schritt auf ihn oder sie zugeht und dem entsprechenden Tier mit der flachen Hand auf die Nase schlägt – das reicht! Damit ist die Hierarchie wiederhergestellt und das Tier fügt sich dem Stärkeren – Alex.

Es ist wie ein Traum, diesem Mann bei seiner Arbeit zuzuschauen. Die Tiere sehen so schön und vor allem so zutraulich aus, da würde ich am liebsten gleich mitmachen und mich zu ihnen gesellen. Doch das wäre sicher keine gute Idee.

Als ich diese beeindruckenden Szenen aus dem sicheren Auto beobachte, höre ich ein kurzes Kratzen und drehe mich überrascht um. Plötzlich hängt da ein weißer Löwe in meinem Fenster – ich habe tatsächlich vergessen, es zu schließen. Mein Herz pocht bis zum Hals, so nah wollte ich diesem Tier dann doch nicht kommen. Aber immerhin schaffe ich es, schnell auf den Auslöser der Kamera zu drücken. Dann ist die Löwin plötzlich weg und ich kurbel lieber das Fenster hoch.

Auffällig ist, dass alle Tiere sehr gesund und vor allem glücklich wirken. Natürlich ist das hier nicht die offene Steppe, das freie, wilde Afrika, aber dafür eine Nische, in der ein großes Stück Freiheit möglich ist und die vor allem Schutz und genügend Nahrung für alle bietet.

Alex kämmt seinem großen weißen Löwen die Mähne und gibt uns dabei einen Crashkurs in Vererbungslehre: dass zum Beispiel die weiße Farbe des Fells keinem dominanten, sondern einem rezessiven Gen zu verdanken sei. Was wiederum bedeutet, dass nur zwei weiße Löweneltern in der Lage sind, weiße Löwenbabys zu zeugen.

Er erzählt von seiner Leidenschaft für diese Raubkatzen, wie sie entstand, was für Schwierigkeiten er zu bewältigen hatte und wie er es geschafft hat, im Ansehen der Tiere so hoch zu stehen. Das alles ist einfach superinteressant und fesselt mich so sehr, dass ich richtig traurig bin, bei dieser Geschichte außen vor zu sein, da sie ohne einen Moderator geplant ist. Ich helfe also nur beim Tragen, Fahren und Fotos machen.

Dennoch bekomme ich die Chance, bei den Löwenbabys mit anzufassen. Das ist vielleicht ein Erlebnis! Diese Löwenminiaturen verzaubern mich völlig! Ich trage sie von einem Platz zum anderen und spiele mit ihnen. Das könnte ich stundenlang machen, doch dann muss ich wieder helfen beim Tragen, Fahren und Fotos machen.

Das tue ich, so gut ich kann – genieße aber zwischendurch immer wieder die Pausen, um die Tiere zu beobachten oder aber, wenn möglich, zu streicheln. Natürlich nur die Löwenbabys. Am Ende des Tages müssen wir uns regelrecht losreißen, denn dieser Ort hat uns alle fest in seinen Bann gezogen. Wenn ich könnte, würde ich mindestens eine dieser kleinen Großkatzen in meinem Handgepäck mitnehmen!

Wie Gespenster

Geliebte Skorpione

Südafrika

Jonathan Leeming weiß alles über Skorpione. Wir treffen ihn in seiner Wohnung in Randfontein, 45 Kilometer westlich von Johannesburg. Der Skorpion-Experte freut sich auf unseren Besuch und will uns einige Tiere bei sich zu Hause zeigen. Die Skorpione Südafrikas sind Leemings große Passion, doch er besitzt auch ein fundiertes Fachwissen über Schlangen und Spinnen. Als ich bei ihm anklopfe, öffnet er uns mit einem Skorpion auf der Hand. Ich schrecke zurück. Dieser Skorpion ist nicht groß, aber genau das ist das Problem: Ich habe gehört, dass gerade die kleinen die wirklich giftigen sind.

Doch Jonathan schüttelt nur lächelnd den Kopf, setzt das Tier einfach auf meiner zitternden Hand ab und straft mein Halbwissen Lügen: Wichtig bei der Einordnung der Skorpione sei nicht die Größe der Tiere, sondern das Größenverhältnis von Schere zu Schwanz. Große Scheren und kleiner, dünner Schwanz bedeutet ungiftig beziehungsweise nicht wirklich gefährlich. So ein Exemplar kriecht mir jetzt gerade über den Oberarm.

Kleine Scheren und großer, dicker Schwanz bedeuten jedoch Gefahr. Von diesen Skorpionen sollte man lieber die Finger lassen: Ihre Stiche können unter Umständen tödlich sein, zumindest aber wird dann ein längerer Krankenhausaufenthalt fällig. Jonathan führt mich in seinen Garten, wo noch andere Skorpionarten in kleinen Tupperdosen auf uns warten.

Skorpione gehören zu den Spinnentieren und sind fast ausschließlich nachtaktiv. Ein besonderes Merkmal dieser Tiere: Wenn man den Panzer eines Skorpions bei Dunkelheit mit Schwarzlicht anstrahlt, leuchtet er wie ein Gespenst weiß-neongrün. Warum das so ist, dafür hat selbst Jonathan keine Erklärung. Aber genau dieses Phänomen, erklärt Jonathan, erleichtere ihm die nächtliche Suche nach seinen geliebten Skorpionen erheblich.

Er zeigt mir noch die anderen Exemplare, und hier sind auch einige wirklich giftige dabei. Sie haben zwar kleinere Scheren, verhalten sich aber weitaus aggressiver und beginnen sofort, mit dem Stachel am Ende des sechsgliedrigen Schwanzes zuzustechen. Dabei heben sie den Hinterkörper an und schleudern den Schwanz wie eine Peitsche nach vorne. Und das in einer wahnsinnigen Geschwindigkeit.

Zeit, ins Feld zu ziehen: Jonathan nimmt mich mit an einen Ort, wo wir mit Sicherheit »wilde« Skorpione finden werden. Unser Ziel ist die Kloofendal Nature Reserve. Unterwegs erhalten wir einen kleinen zoologischen Grundkurs. 170 Skorpionarten gibt es in Südafrika, doch »nur« drei davon sind für Menschen wirklich gefährlich. Weltweit sterben jährlich bis zu 5000 Menschen an Skorpionstichen. Der Stich eines Skorpions, so Jonathan, sei immer – egal ob giftig oder nicht – äußerst schmerzhaft. Zum Vergleich: Der Schmerz ist drei- bis viermal so groß wie der eines Wespenstichs und hält in dieser Intensität in der Regel drei bis fünf Tage an. Eine effektive Möglichkeit, die Schmerzen zu lindern, ist die Kühlung der Einstichstelle mit Eis. Das Aussaugen der Wunde bringt dagegen gar nichts, denn das Gift ist nach dem Stich sofort im Blutkreislauf. Die giftigsten Arten findet man in Trockengebieten, erklärt uns Jonathan.

Inzwischen haben wir unser Ziel erreicht – einen kleinen Hügel mit mehreren verstreut liegenden Felsen. Hier soll ich unter den Felsbrocken nach Skorpionen suchen. Jonathan ermahnt mich jedoch, dabei sehr vorsichtig zu sein. Er entdeckt natürlich sofort einen Skorpion. Bei mir dauert es etwas länger. Aber schließlich bin auch ich erfolgreich: Mein Skorpion ist fast ganz schwarz, acht Zentimeter lang, hat große Scheren und einen sehr dünnen Schwanz.

Ich überlege kurz. Nach Jonathans Definition von eben sollte dieser Bursche hier eigentlich jetzt nicht giftig sein … Ich zögere. Nähere mich dann aber langsam mit meinen Fingern, und mein Skorpion – sticht plötzlich nach mir! Ich reiße erschrocken die Hand zurück. Jonathan ist inzwischen hinter mir aufgetaucht und lacht: »Das war mal eine gute Finte, was?!«

Ich schaue ihn verdutzt an. Was meint er mit »Finte«?

Das Monster hätte mich fast gestochen! Jonathan beruhigt mich und erklärt mir das Verhalten des Tieres:
Dieser Skorpion gibt lediglich vor, ein ganz Großer zu
sein. Jonathan nähert sich dem Tier ähnlich wie ich,
aber jetzt kann man deutlich beobachten, dass der Skorpion zwar kurz und dramatisch und dabei höchst wirkungsvoll mit dem Schwanz zuckt, aber gar nicht richtig zusticht. Was für ein Schauspieler! Jonathan nimmt

ihn auf seine Hand und reicht ihn mir. Jetzt traue ich mich auch, diesen schwarzen Angeber auf meine Hand zu setzen. Meine Schlussfolgerung war also eigentlich richtig, zumindest dieses Mal.

Wir suchen noch ein bisschen und finden schließlich ein giftiges Exemplar unter einem Stein. Anhand dieses Exemplars will mir Jonathan zeigen, wie das versprühte Gift eines Skorpions aussieht. Der Skorpion hat einen deutlich dickeren Schwanz und relativ kleine Scheren. Als wir seine Aufmerksamkeit auf uns ziehen, beginnt er, auf alles einzustechen, was ihm nahe kommt, und dieses Mal sind die Bewegungen keine Finte! Jonathan reicht mir eine Schutzbrille, für den Fall, dass der Skorpion Gift verspritzt. Nach ein paar Sekunden nimmt Jonathan seine Brille ab und lässt den Skorpion dagegenstechen.

Eine weiße Flüssigkeit lässt sich jetzt auf der Brille erkennen. Das ist das Gift! Nur ein kleiner, verschmierter Tropfen, doch diese Menge reicht aus, einen Menschen ins Krankenhaus zu befördern. Für kleine Kinder und alte, schwächere Menschen wäre diese Dosis höchstwahrscheinlich tödlich.

Wir lassen den Skorpion für die Kamera noch ein wenig zustechen, doch seine Bewegungen werden nach kurzer Zeit deutlich langsamer. Sofort spendet ihm Jonathan Schatten und träufelt etwas Wasser auf ihn. Das normalerweise nachtaktive Tier hat sich in der Sonne völlig verausgabt und macht jetzt gar nichts mehr.

Allmählich scheint der Skorpion sich zu erholen, doch als Darsteller ist er nun nicht mehr zu gebrau-

chen. Die letzten Szenen drehten wir dann zwangsläufig mit dem harmlosen Skorpion, der so auch noch
einen Auftritt als großer Scheren-Star bekommt, was ja
eingedenk seiner schauspielerischen Fähigkeiten auch
nur gerecht ist.

Gefährliche Vegetarier

Ruhetag
bei Nilpferden

Südafrika

Morgens um sieben machen wir uns auf den Weg. Unser Ziel: das Moholoholo Wildlife Rehabilitation Centre am Fuße der Steilhänge der Drakensberge, gelegen in einer unglaublich schönen Landschaft. Moholoholo heißt so viel wie »der besondere Ort«.

Dieses Rehabilitationszentrum, nur 40 Minuten von Pezulu entfernt, ist ein Heim für verletzte oder vergiftete Tiere, die hier wieder aufgepäppelt werden. Auch Jungtiere, die ohne ihre Eltern nicht überleben würden, werden hier gepflegt. Einige dieser Tiere haben sich zwangsläufig so an den Menschen gewöhnt, dass sie nahezu zahm wirken.

Hier soll ich auf Nilpferde treffen – ganz besonders aggressive und gefährliche Tiere, wie man uns zuvor sagt. Zum ersten Mal wurden sie von Europäern am Nil entdeckt, daher auch der Name. Nil- oder auch Flusspferde findet man heute nur noch südlich der Sahara. Insgesamt wird ihre Zahl auf knapp 150 000 geschätzt.

Cory wird an diesem Tag unser Begleiter sein. Die Begrüßungsszene drehen wir mit zwei wirklich putzigen Babynashörnern. Ein Männchen und ein Weibchen. Beide sind gleich groß und reichen mir etwa bis zur Hüfte. Ich habe zwar aus der Ferne schon mal ein Nashorn gesehen, aber diese hier sind wirklich etwas Besonderes. Sie kommen träge angetrottet, stupsen mich an und lassen sich streicheln.

Lediglich das Männchen muss in Schach gehalten werden, da es zuweilen eifersüchtig wird und dann versucht, mit seinem Horn zuzustoßen. So ergeht es auch einem Touristen, der gerade zwei Geparden in ihrem angrenzenden Gehege fotografieren will. Das Nashornmännchen fühlt sich wohl nicht ausreichend gewürdigt und stößt dem Typen zwei oder drei Mal mit seinem Horn in den Allerwertesten. Er erleidet zum Glück keine wirklichen Verletzungen, aber wir liegen natürlich am Boden vor Lachen.

Nachdem wir unsere erste Szene im Kasten haben, fahren wir mit Cory zu zwei halbzahmen Hippos. Wir haben einen Eimer mit Pflanzenfutter und ein fettes Stück Antilopenfleisch dabei und wollen damit zeigen, dass die Flusspferde reine Pflanzenfresser sind.

Als wir den Teich erreichen, wo wir die Hippos treffen sollen, liegen die beiden schon gemütlich im Wasser und äugen neugierig zu uns herüber. Cory steigt aus und setzt sich zu mir auf die Ladefläche des Pickups. Er erklärt mir, dass die Begegnung mit Flusspferden ein sehr gefährliches Unterfangen werden kann. Man mag es kaum glauben, doch diese Tiere sind in der Lage, bis zu 50 km/h schnell zu laufen – und sie

können ohne Weiteres einen Menschen in zwei Stücke beißen.

Als habe er Corys Worte genau gehört, streckt das Männchen jetzt seinen massigen Kopf aus dem Wasser und öffnet drohend sein riesiges Maul. Was für ein Anblick! Dieses Maul ist so groß, da kann ich mich fast reinlegen. Wir bekommen diesen imponierenden Anblick noch zwei oder drei Mal zu sehen, dann beruhigt sich das Flusspferd wieder und starrt uns mit seinen aus dem Wasser ragenden Augen an. Hin und wieder taucht es zusammen mit seinem Sohnemann ab, um dann nach dem Auftauchen wieder in unsere Richtung zu schauen. Das Einzige, was sich bewegt, sind seine

Ohren. Immer wenn es aus dem Wasser auftaucht, schlagen die für den riesigen Kopf viel zu kleinen Ohren wie winzige Propeller.

Wir stehen keine sechs Meter von der Uferböschung entfernt. Cory fragt mich, ob ich ihm bei der Futterauslage helfen wolle. Natürlich will ich, dafür bin ich ja da. Aber bevor es dazu kommt, muss ich ihm versprechen, dass ich mich sofort hinter den Wagen stelle, wenn das Flusspferd kommen sollte. Wir verteilen die gepressten Pflanzenbriketts und gleich daneben das Fleisch, die ganze Zeit über behält uns das Flusspferd im Auge. Dann klettern wir zurück auf die Ladefläche und warten.

Aber nichts geschieht. Das Flusspferd stiert uns weiter an, bewegt sich aber kein Stück in Richtung Land. Wir warten und warten und warten. Jetzt regt sich etwas, das Hippo kommt tatsächlich ganz gemächlich auf das Ufer zu und steigt quälend langsam die Böschung hinauf. Es schnuppert kurz – und? Nichts! Es dreht sich um und stapft ganz gemütlich wieder ins Wasser zurück. So ein Mist! Wie sollen wir denn da unsere Bilder bekommen? Das Tier lässt uns viel zu wenig Zeit. Außerdem sieht das alles nicht wirklich gefährlich aus. Und ist zudem alles andere als eine Demonstration der sagenhaften Schnelligkeit von Flusspferden.

Wieder versuchen wir die Aufmerksamkeit des Flusspferdes durch das Schütteln des Futters auf uns zu ziehen, doch wir ernten lediglich einen leeren Blick des im Wasser liegenden Fleischberges. Wir werden immer ungeduldiger. Uns läuft auch langsam die Zeit davon. Morgen müssen wir wieder nach Johannesburg fahren, wo unser Flieger zurück nach Deutschland auf uns wartet – doch bis nach Johannesburg sind es über 500 Kilometer. Wir haben also maximal bis morgen Mittag Zeit, um zu drehen, und inzwischen ist es schon kurz nach drei.

Cory meint, dass vielleicht das Fleisch schuld am Verhalten des Hippos sei, denn die Pflanzenfresser mögen es nun mal nicht, auch nicht den Geruch davon. Wir tragen es weg und warten weiter, doch das Flusspferd bleibt stur. Völlig regungslos liegt es im Wasser und wartet ab, was diese lustigen Menschen wohl als Nächstes machen werden.

Es reicht! Genervt packen wir das Futter wieder ein und lassen uns von Cory zu einer Gruppe wilder Nilpferde fahren. Als wir dort ankommen, tauchen die 13 Tiere einfach ab! Wieder warten wir. Erst kommt ein Flusspferd zum Vorschein, dann noch eins und dann der Rest. Und wieder werden wir stumm und regungslos beobachtet. Absolut nichts scheint diese Tiere aus ihrer stoischen Ruhe bringen zu können. Wir versuchen es mit Steinwürfen und lauten Rufen, doch nichts geschieht. Zumindest sind die Tiere zu sehen, also sprechen wir eine kurze Moderation ab und legen los. Ich komme ins Bild gelaufen und sage: »Da sind sie, die bis zu 4,5 Tonnen schweren und in Herden lebenden Flusspferde.« Der Kameramann schwenkt von mir rüber zu den Hippos, doch die sind in der Zwischenzeit einfach verschwunden. Wir warten, bis sie wieder zu sehen sind, und versuchen es noch einmal. Doch immer dann, wenn der Kameramann von mir in Richtung der Flusspferde schwenkt, tauchen sie alle wieder ab. Wir werden das Gefühl nicht los, dass wir hier nach allen Regeln der Kunst vorgeführt werden und die Flusspferde uns wie Deppen aussehen lassen.

Wir brechen ab und fahren zu unserem halbzahmen Hippovater zurück. Dieser ist zwar auch kein Energiebündel, doch vorhin hat er uns zumindest mal sein Maul gezeigt. Wieder versuchen wir ihn mit dem Futter zu ködern, das Fleisch lassen wir weg. Und wieder dieses endlose Warten! Das Flusspferd taucht ab, taucht wieder auf und glotzt zu uns herüber. Bei diesen Tauchmanövern kann man gut beobachten, wie die Hippos Nasenlöcher und Ohren verschließen können. Wenn sie wieder auftauchen, hört sich das jedes Mal an wie bei einem Wal, der Atem holt. Kein Wunder: Der Wal ist ja auch der nächste Verwandte der Flusspferde. Nicht der Elefant oder das Nashorn, wie man annehmen könnte, tatsächlich der Wal!

Wir wollen nun aber eigentlich das ganze Tier sehen, seine Gefährlichkeit und Unberechenbarkeit zeigen, doch bis jetzt haben wir nur harmlos aus dem Wasser schauende Kulleraugen, drehende Ohren und ein kurz an Land tapsendes, übergewichtiges, langsames Geschöpf aufgenommen.

Im Licht des beginnenden Sonnenuntergangs – wir haben schon fast alle Hoffnung aufgegeben – tut sich plötzlich etwas: Das Flusspferd kommt wieder aus dem Wasser, aber dieses Mal in Begleitung seines kleinen Sohnes. Und – welch ein Glück! – die beiden Tiere marschieren tatsächlich in Richtung Futter. Ich steige langsam aus dem Wagen und stelle mich vor die Kamera. Hinter mir knabbern die beiden Flusspferde genüsslich ihre Pflanzenbriketts. Doch plötzlich stürmt der Kleine ins Wasser, nur wenige Sekundenbruchteile später folgt der Papa. Das war's! Wenigstens kann man an dieser Aktion erkennen, dass diese behäbigen Geschöpfe wirklich richtig schnell sein können, auch wenn es kein Angriff, sondern eine Flucht war – also alles andere als gefährlich ... Das Ganze bietet gerade mal Zeit für eine kurze Moderation. Aber immerhin! Mittlerweile ist es ohnehin zu dunkel geworden. Wir müssen uns für den folgenden Tag etwas einfallen lassen, denn so ergibt die Geschichte noch keinen Sinn.

Am nächsten Tag zeigt sich das Hippo noch lethargischer als am Vortag. Die Redakteurin schaut mich an. Ich weiß, was das bedeutet. Wenn die Tiere als Schauspieler ausfallen, muss ich ran. Wir werden einen Laptop in die Szene integrieren, der es zumindest ermöglicht, später Archivszenen in den Film zu schneiden, in denen man schwimmende, fressende, laufende und kämpfende Flusspferde sehen kann. Für diese Szene werde ich mich mit Cory auf der Ladefläche des Pickups setzen und mit ihm über die Besonderheiten der Hippos sprechen. Über die 50 km/h Laufgeschwindigkeit, die bis zu 70 cm langen Hauer, das riesige Maul, dessen unglaublich großer Öffnungswinkel und so weiter, und so fort.

Ihren Ruf haben die Nilpferde jetzt allerdings trotzdem verspielt. Auf der Rückfahrt überlegen wir, beim nächsten Mal eine Reportage über das entspannte Leben der Happy Hippos zu drehen.

EUROPA

Frankreich

Flucht vom Château d'If

Der Bademeister von Monte Christo

Von Abu Dhabi, unserem aktuellen Drehort, fliegen wir nach Marseille, und ausgerechnet in München haben wir vier Stunden Aufenthalt. Wirklich gemein: Keine 30 Minuten von meiner Haustür entfernt – und ich darf nicht vom Flughafen weg.

In Marseille treffen wir uns mit dem Rest des Teams am alten Hafen. Von dort geht die Fähre zur 1,5 Kilometer vor dem Festland liegenden Île d'If. Schon von Weitem sieht man die massive Festung, für die die Insel bekannt ist: das legendäre Château d'If. Vierzehn Jahre lang musste Edmond Dantès dort unschuldig wegen Hochverrats einsitzen, dann gelang ihm das Unmögliche: die Flucht aus der Festung und von der Insel. Später kehrte er als unermesslich reicher Graf von Monte Christo nach Frankreich zurück und begann unerkannt seinen Rachefeldzug gegen diejenigen, die ihn einst verleumdet hatten.

Edmond Dantès ist das Geschöpf des großen französischen Romanciers Alexandre Dumas (1802–1870). Obwohl *Der Graf von Monte Cristo* eine rein literarische Fiktion ist, ließen sein Schicksal und vor allem die Schilderung seiner langen Haft im Château d'If die reale Gefängnisfestung zu einer großen Touristenattraktion werden.

Wieder einmal haben wir großes Glück mit dem Wetter: Die Sonne taucht das Château d'If in fantastisches Aufnahmelicht und versetzt unseren Kameramann in Begeisterung.

Nach den Außenaufnahmen geht es in die Kerker. Zunächst sitze ich ganz alleine in der Zelle von Edmond. Es gibt kein Fenster, ich bin umgeben von massiven

Steinquadern und es herrscht absolute Stille. Dann entdecke ich ein kleines Loch in der Wand, den Einstieg zum Tunnel, den Abbé Faria, der ebenfalls Häftling in der Festung war, mühsam und über Jahre von seiner Zelle aus in den Fels geschlagen hat.

Passe ich da durch? Das Loch ist abgesperrt, aber nur mit einem Tau, und das lässt sich ganz einfach zur Seite schieben. Eigentlich ist es uns verboten, hier schauspielerisch zu agieren. Offiziell dürfen wir nur moderieren und die Räume beziehungsweise das Château abfilmen.

Aber in diesem Moment ist niemand zu sehen, also nichts wie hinein! Es funktioniert – ich krabble gleich mehrmals hindurch, da wir verschiedene Einstellungen für den Film brauchen. Auf diesem Weg haben also die beiden Gefangenen zueinandergefunden, Pläne zur Flucht geschmiedet und sich gegenseitig am Leben erhalten. Der arme Abbé Faria ist dann leider an einem Schlaganfall gestorben, bevor die Freunde die Flucht gemeinsam umsetzen konnten.

Nun zaubert die Redakteurin einen zwei mal einen Meter großen Jutesack aus ihrer Tasche. In diesen soll ich mich jetzt einnähen. Was für ein Wagnis! Aber damit sind wir mitten drin in der Geschichte, denn mit diesem Leichensack, der ursprünglich für Abbé Faria vorgesehen war, gelang auch Dantès die Flucht.

Ich schlüpfe also in den Jutesack und nähe ihn anschließend von innen zu, dann tragen mich zwei Helfer aus der Zelle in den Innenhof des Château d'If. Es ist sauheiß und stickig in dem Sack. Ich muss mich tot stellen und die beiden, die den Sack tragen, sind nicht

gerade zimperlich: Ich werde herumgeschleudert, mein Kopf stößt immer wieder gegen die Knie des Trägers, das ein oder andere Mal setzt mein Hintern recht unsanft auf dem harten Steinboden auf. Plötzlich stoppen wir. Ich höre durch den Sack eine wütend dröhnende Stimme: Was zum Teufel wir denn hier machen?

Ich schäle mich mühevoll aus dem Sack, den ich vorher sehr gut zugenäht habe, wie ich feststelle. Mit vereinten Kräften versuchen wir den Aufseher davon zu überzeugen, dass wir nicht die Geschichte nachspielen wollen, sondern dass ich bloß aus diesem Sack heraus moderieren möchte. Natürlich glaubt er uns kein Wort,

aber er zeigt sich großzügig: Wenn wir jetzt ohne Jutesack weitermachen würden, hätte das Ganze aber kein Nachspiel. Uns fallen ganze Leichensäcke von den Herzen und da wir mit unserer Geschichte fertig sind, nehmen wir das Angebot gerne an.

Das Château d'If ist also schon mal bezwungen. Am nächsten Tag wollen wir die Flucht von der Insel nachstellen: Ich soll die 1,5 Kilometer lange Strecke von der Île d'If bis zum Festland bei Marseille schwimmen. Im alten Hafen treffen wir uns mit unserem Bootsverleiher und mit dem für uns zuständigen Skipper. Kurz darauf laufen wir aus in Richtung Île d'If. Hin und wieder kommt die Sonne durch, aber zumeist bleibt es bewölkt. Dazu dieser Wind – das wird wohl kein ent-spanntes Planschen! Gegen zehn Uhr hat unser Kame-ramann seine Vorbereitungen abgeschlossen und gibt mir das Zeichen zum Start.

Ein Sprung, ein Schrei – ich bin im Wasser! 18 Grad fühlen sich trotz meines natürlichen »Bioprenanzugs«, der Körperfettschicht, die mein Sixpack sehr gut ver-steckt, zunächst an wie minus zwei. Der arme Dantès, denke ich – aber nur kurz, denn die Kälte schneidet mir in die Haut und ich will so schnell wie möglich fer-tig werden. Zwei Anmoderationen zwischen dem Luft-schnappen, dann geht es los Richtung Festland.

Langsam lässt der Kälteschmerz nach, die Muskula-tur arbeitet und wärmt meinen Körper auf. Nach zehn Minuten schaue ich mich um und sehe die Île d'If noch immer so nah hinter mir wie beim Start. Mist! Es gibt hier keine Strömung, das heißt: immer geradeaus. Das klingt leichter, als es ist. Nach einer halben Stunde habe ich das Gefühl, dass meine Haut taub ist. Die innere Wärme kämpft gegen das kalte Wasser an und scheint dabei chancenlos zu sein.

45 Minuten später spüre ich fast gar nichts mehr, alle Bewegungen laufen nur noch automatisch ab. Dann, endlich, liegt Marseille vor mir. Noch etwa 300 Me-ter. Jetzt ist klar, dass ich es schaffe. Meine Hände ver-krampfen zwar leicht, doch so nah vor dem Ziel wird mich nichts mehr aufhalten.

Nichts – gar nichts! Bis auf einen Bademeister. Der steht am Ufer und gibt uns unmissverständlich zu ver-stehen, dass wir hier nicht anlanden dürfen. Ja, ist der denn verrückt? Weiß der nicht, was ich für eine Tortur hinter mir habe? Vollidiot! Wir müssen abdrehen. Ich hätte zwar theoretisch an Land gehen können, doch das Boot mit unserem Kameramann darf nicht in diese Zone hinein.

Jetzt geht es weiter, ein paar hundert Meter die Küste entlang zu einer Bucht, in der wir anlegen dürfen. Die Kälte ist jetzt wirklich mehr als grenzwertig, mein ganzer Körper zittert. Ein richtiger Kampf. Endlich ist es so weit: Die Kamera ist fertig und ich auch. Mit zitternden Händen greife ich nach den Felsen und ziehe mich aus dem Wasser. Geschafft!

Auch wenn es lediglich eine erdachte Geschichte ist, Dumas hat sie sehr realistisch erzählt: Ich konnte ebenso aus dem Château d'If entkommen wie Dantès! Nur ob der damals auch Schwierigkeiten mit Bademeistern hatte, hat Dumas leider nicht erwähnt.

Warmer Regen

Schnorcheln im Sumpf

Die Briten denken sich ja viel Verrücktes aus, aber das Spektakel, das in der Stadt mit dem wunderbaren Namen »Llanwrtyd Wells« organisiert wird, sprengt fast alle Grenzen der Vernunft: Die Teilnehmer schnorcheln in lang gezogenen Schlammgräben um die Wette. Das Ganze wird »Bog-Snorkeling« genannt, übersetzt so viel wie »Sumpf-Schnorcheln«.

Als wir ankommen, regnet es, zunächst nur leicht, doch dann immer stärker. Auf einer Wiese in der Nähe des Ortes sind bereits die Parkplätze für die erwarteten Gäste mit Absperrband abgegrenzt. Anmeldezelt, Dixi-Toiletten, Verpflegungsstation – alles wird hier gerade für das bevorstehende Großereignis aufgebaut. Um elf soll es dann langsam losgehen mit dem Wettbewerb, jetzt ist es gerade erst acht Uhr.

Wir machen uns auf den Weg zum Austragungsort, 400 Meter von den Parkplätzen entfernt. Was für ein Anblick: eine Wiese voller Gräben, mit Absperrbändern voneinander getrennt; sie erinnern mich an unsere Hochmoore in Ostfriesland. Es sieht aus, als hätte man sie zum Entwässern eines Moores oder eines Sumpfes gegraben. Noch ist keine Menschenseele hier.

Rund 55 Meter lang ist die Wettkampfstrecke durch den Modder des »Waen Rhydd«-Sumpfes und 1,20 Meter tief. Diese Bahnen müssen hin und zurück gemeistert werden. Ich muss jetzt schon einmal »Vorschnorcheln«, da es später beim Wettkampf nicht mehr möglich ist, die ganzen verschiedenen Einstellungen für unseren Film zu bekommen. Hoffentlich ist das kein Wettkampfnachteil für mich – denn wenn ich mich schon in den Schlamm wage, dann will ich auch ein gutes sportliches Ergebnis erzielen.

Ich ziehe mich aus und beginne sofort zu zittern. Es ist schweinekalt. Dann begebe ich mich, nur mit einer Badehose bekleidet, in die braune Suppe. Ich darf Flossen, Taucherbrille und Schnorchel benutzen – aber es gibt Auflagen. Um die Aufgabe zu erschweren, darf man keine Schwimmbewegungen mit den Armen machen. Entweder man legt sie außen am Körper an oder man streckt sie vor sich aus. Aber weder Kraul- noch Brustschwimmbewegungen sind erlaubt. Der Kopf darf jeweils nur zur Orientierung aus der Pampe gehoben werden.

Als ich in den Graben steige, sacke ich gute 50 Zentimeter in den Schlamm ein und muss einen regelrechten Kampf mit dem Morast führen, um mir die Flossen anzuziehen. Das Wasser hat gefühlte drei Grad, aber tatsächlich sind es wohl um die zehn. Mir stockt der Atem. Doch dann lege ich einfach los, stürze mich

komplett in den Modder und beginne mit den Flossen zu schlagen. Vorwärts komme ich schon einmal. Sobald der Kopf allerdings unter Wasser ist, kann ich absolut gar nichts mehr sehen – alles ist schwarz.

Dazu kommt das wirklich unangenehme Gefühl, wenn undefinierbare Dinge meinen Körper streifen. Sind es Pflanzen? Oder vielleicht irgendwelche Tiere? Was kann in einem solchen Graben so alles liegen? Ich will es eigentlich gar nicht wissen. Es ist natürlich nicht ganz so unheimlich wie im Amazonas, aber das unge-

wisse Gefühl, dass im Schlamm Monster und Schling-
pflanzen lauern könnten, ist dasselbe.

Wenn ich mit dem Körper zu tief absinke, saugt sich
der Schlamm sofort an mir fest und lässt mich nicht
mehr los. Das ist ein widerliches Gefühl. Ich kämpfe
mich drei bis vier Mal durch diesen Moddergraben und
darf mich dann endlich aufwärmen. Ich zittere wie Es-
penlaub. Die folgenden fast zwei Stunden verbringe
ich in unserem Auto – bei voll aufgedrehter Heizung.
Ich kann mir wirklich nicht vorstellen, noch mal in diesen Graben zu steigen.

Dann treffen wir die Siegerin der vergangenen Jahre,
Corinna Field. Sie gibt mir im Laufe des Vormittags
hilfreiche Tipps, wie ich eine möglichst gute Zeit schaffen kann. Trotz aller Strapazen habe ich mir fest vor-
genommen, die Strecke in weniger als zwei Minuten
zu bewältigen. Ein kühnes Ziel: Corinna hat bei ihrem
besten Versuch 1.51 Minuten geschafft. Aber das will
ich auch erreichen.

Dann ist es so weit, die Veranstaltung beginnt. Der
Parkplatz ist gefüllt mit Zuschauern und Teilnehmern.
Der Regen hat noch einmal zugenommen, aber es ist
zumindest ein bisschen wärmer geworden. Ich ergreife
meine Flossen und meine Brille und mache mich aber-
mals auf den Weg in den Schlamm.

Drei, zwei, eins und los! Ich kämpfe mich durch den
Graben, der von den vor mir gestarteten Teilnehmern
total aufgewühlt ist, und habe trotz Kälte und dem be-
klemmenden Gefühl, nicht zu wissen, was dort so alles
im Schlamm treibt, ein durchaus gutes Gefühl. Der Ehrgeiz hat mich gepackt! Auf dem Rückweg verkrampfen

jedoch meine Beinmuskeln – ich habe kaum noch Kraft, aber versuche mit zusammengebissenen Zähnen weiterzumachen und ziehe bis zum Ende durch.

Wie ist meine Zeit? Der Schiedsrichter sagt sie durch, aber ich habe wohl zu viel Schlamm in den Ohren. Als ich mich aus der trüben Suppe erhebe und auch die Ohren grob von all dem Morast befreit habe, kann ich die Zahl deutlich hören: zwei Minuten und 17 Sekunden. So ein Mist, ich habe mein selbst gestecktes Ziel nicht erreicht! Aber alle anderen scheinen stolz auf mich zu sein. Sie jubeln mir zu und beglückwünschen mich. Also gut, eine schlechte Zeit ist es nicht.

Wieder einmal habe ich an einem völlig bekloppten Event teilgenommen und erstaunlicherweise auch noch Spaß daran gehabt. Vielleicht bin ich doch britischer, als ich dachte.

Spanien

Der sechste Stier

Auf der Flucht in Pamplona

Vom 6. bis zum 14. Juli befindet sich die baskische Stadt Pamplona im Ausnahmezustand: Die »Sanfirmes« werden gefeiert. In diesem Spektakel, wie es heute stattfindet, vereinen sich drei Traditionen. Zum einen die Feierlichkeiten zu Ehren des Heiligen Firmin von Amiens, der aus Pamplona stammt und im dritten Jahrhundert als Missionar in Frankreich wirkte, zum anderen das festliche Treiben rund um die jährlichen mittelalterlichen Jahrmärkte und natürlich die großen Corridas de toros, die Stierkämpfe. Höhepunkt der Sanfirmes ist daher der Encierro – der Stierlauf. Viele kennen Pamplona überhaupt nur im Zusammenhang mit dem Stierlauf und dessen Unfällen. Das verdankt die Stadt vor allem Ernest Hemingway: Sein 1962 erschienener Roman *Fiesta* machte den Stierlauf in Pamplona weltberühmt.

Und so zieht dieses Spektakel jedes Jahr Tausende von Besuchern aus aller Welt an, vor allem aber die

Spanier selbst. Irgendwie erinnert mich das Ganze ans Oktoberfest. Man sieht zwar keine Dirndl und Lederhosen, aber auch hier gibt es Trachten: Bis auf wenige Ausnahmen stecken alle Läufer (mozos) in der traditionellen Kleidung. Das perfekte Encierro-Outfit besteht aus weißem Hemd, weißen, eng anliegenden Hosen, einem roten Halstuch (pañuelo rojo) und einer roten Schärpe (faja) – fertig ist der pamplonische Stiertreiber. Dazu jede Menge Alkohol und wilde Gesänge: Das sonst so beschauliche Pamplona gleicht um diese Jahreszeit einem Hexenkessel.

Neun Tage lang werden hier jeden Morgen sechs Stiere zusammen mit sechs Ochsen durch die Altstadt von Pamplona gejagt. Die sechs Ochsen, die zwar größer, aber weniger gefährlich sind, sollen als Leittiere die jungen, unglaublich muskulösen und aggressiven Stiere bändigen und durch die engen Gassen führen.

Beginn der Hetzjagd ist morgens um acht. Ziel ist die Stierkampfarena, wo die Stiere am Abend im Stierkampf getötet werden. Am Ende gewinnt immer der Torero – der Stier muss in jedem Fall sterben. Aber zuvor wird er noch durch die Stadt gehetzt.

Seit Ende des 19. Jahrhunderts gibt es dieses Stiertreiben und seitdem sind 14 Menschen gestorben. So lautet die offizielle Zahl, aber es gibt jedes Jahr mindestens 50 Verletzte.

Wir treffen uns am Nachmittag mit Ignacio, einem 60 Jahre alten spanischen Haudegen, der 34 Jahre lang am Encierro teilgenommen hat und mir jetzt als Coach zur Seite steht. Auch er lag schon drei Mal im Krankenhaus. Einmal, erzählt er, habe er verdammtes Glück gehabt. Da hätte es auch vorbei sein können: Der Stier habe ihn auf die Hörner genommen und fast acht Meter durch die Luft geschleudert – für die behörnten Sieben-Zentner-Kraftpakete eine leichte Übung. Es sei ein Wunder, dass er das überlebt habe.

Für die Wunder beim Encierro sei im Übrigen der Heilige Firmin zuständig, erklärt uns Ignacio. Um dessen Beistand zu bekommen, singen viele Läufer unmittelbar vor dem Rennen an seiner Statue drei Mal das folgende Lied:

A San Fermín pedimos,
por ser nuestro patrón,
nos guíe en el encierro,
dándonos su bendición.
¡Viva San Fermín!
Gora San Fermín!

Was ungefähr so viel bedeutet wie: »Wir bitten San Fermín, unser Schutzheiliger zu sein, möge er uns durch unseren Lauf leiten und uns seinen Segen geben! Es lebe San Fermín!«

Auch wir sprechen dieses Gebet andächtig drei Mal, wie es der Brauch will. Ignacio geht mit mir die ganze 835 Meter lange Strecke ab und gibt mir entscheidende Verhaltensregeln an die Hand. Die wichtigste ist ziemlich einfach, sie lautet: Immer rennen! Rennen, rennen, rennen – niemals stehen bleiben! Die zweite Regel: Versuche niemals, den Stier zu berühren. Das lenkt ihn von seinem Lauf ab, irritiert ihn und macht ihn dann noch gefährlicher und unberechenbarer für dich und die anderen. Dritte Regel: Versteck dich niemals in einem Hauseingang oder einem Erker! Dann bist du gefangen und kannst bei einem eventuellen Angriff des Stiers nicht entkommen. Und damit kommen wir nahtlos wieder zurück zu Regel Nummer eins: Rennen, rennen, rennen!

Ignacio zeigt mir noch die ein oder andere extrem gefährliche Stelle, etwa das Nadelöhr am Startpunkt oder die 90-Grad-Kurve, bei der die Stiere zuweilen durch die Fliehkraft im wahrsten Sinne des Wortes umgehauen werden, stürzen und dann die Orientierung verlieren … Die Folge: Sobald sie den Anschluss an die Herde verlieren und isoliert werden, greifen sie alles an, was sich in ihrer Nähe befindet.

Abends fahren wir ins Hotel zurück. Schlaf finde ich erst einmal nicht. Die ganze Zeit spukt es in meinem Kopf herum: Am nächsten Tag werde ich zusammen mit Hunderten Bekloppten die Stiere treiben – oder besser gesagt: Wir Bekloppten werden von Stieren durch die engen Gassen gejagt! Ich weiß sogar schon ihre Namen, die Tiere sind ja im »Diario de Navarra«, der größten regionalen Tageszeitung, en detail vorgestellt worden. Der erste Stier heißt COMISARIO, ist ein »Negro« und bringt 630 Kilogramm auf die Waage. PELICANO heißt der zweite, er wiegt 545 Kilogramm und ist ein »Negro mulato listón«, wie auch der dritte namens JOPEO, der 535 Kilogramm mit seinen vier Hufen stemmt. Auch OSTRERO ist am Start, ein »Castano claro«: ebenfalls 535 Kilogramm schwer. ORGANILLERO ist ein »Castano chorreado bragado y meano« mit 570 Kilogramm Gewicht. Der sechste und letzte ist GESTOR, ein »Negro«, der 580 Kilogramm wiegt. Summa summarum werden mir knapp 3,4 Tonnen lebendes Kampfgewicht gegenüberstehen! Ich habe wirklich ein bisschen Angst vor dem, was da auf mich zukommt. Mein Chef hat mir vorher gesagt: »Harro, wenn du nicht willst, dann lass es! Es ist wichtig, dass euch nichts passiert!« Aber er kennt mich natürlich viel zu gut und weiß, dass ich mir so ein Erlebnis nicht entgehen lasse.

Um Viertel nach fünf klingelt der Wecker. Da unser Hotel außerhalb der Stadt liegt, müssen wir zeitig aufbrechen, um alles vor Ort vorbereiten zu können. Um acht fällt der Startschuss, ich muss spätestens um 7.45 Uhr im Encierro-Dress und mit Kamera bewaffnet zwischen den Läufern stehen – zusammen mit dem Kameramann. Ich beschließe, mir nicht so viele Sorgen zu machen, denn mein Kollege ist schließlich noch viel übler dran: Er muss nicht nur laufen, sondern währenddessen auch noch filmen!

Wir montieren eine kleine DV-Cam an einem Baum vor dem Ausgang des Stiergeheges und tarnen sie mit Blättern. Dort werden die Stiere und Ochsen, durch einen Kanonenschlag erschreckt, so dass sie das Gehege verlassen und in die umzäunten Gassen jagen. Dieses Bild wollen wir natürlich unbedingt haben, dafür müssen wir aber die Kamera allein dortlassen – aus diesem Grund die Tarnung. Unsere Kamerafrau startet diese Kamera um Viertel vor acht und bringt sich dann auf einem Balkon mit der großen Kamera in Stellung.

Unterdessen stehen der Kameramann und ich schon unter Hochspannung – genau wie die vielen verrück-

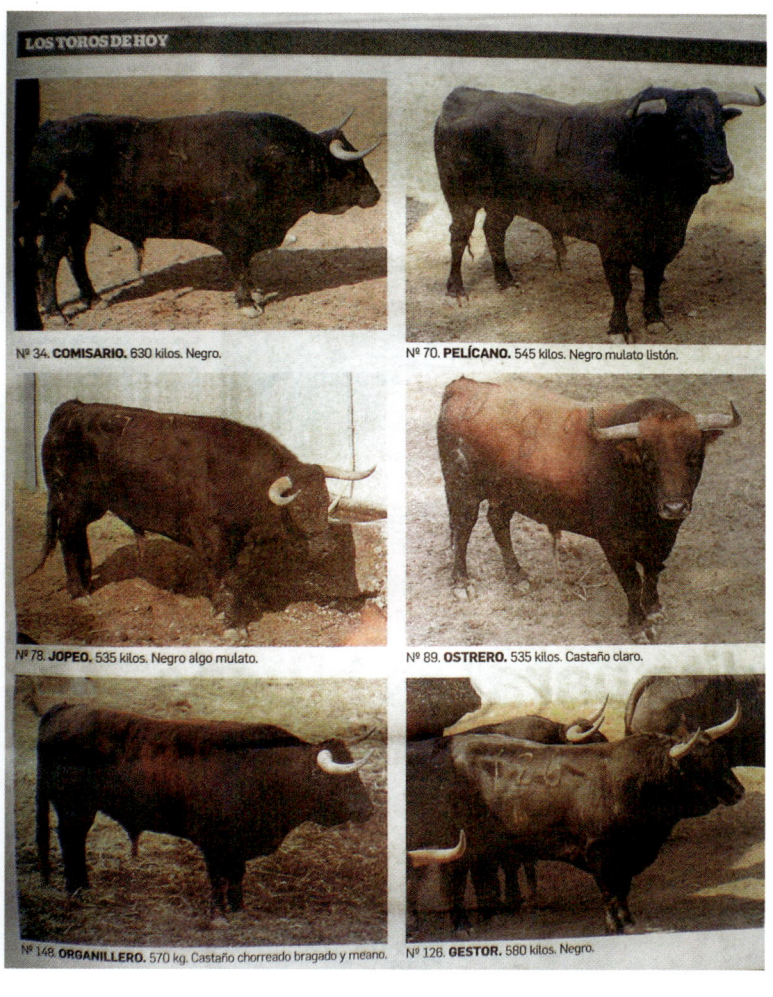

Nº 34. **COMISARIO.** 630 kilos. Negro.

Nº 70. **PELÍCANO.** 545 kilos. Negro mulato listón.

Nº 78. **JOPEO.** 535 kilos. Negro algo mulato.

Nº 89. **OSTRERO.** 535 kilos. Castaño claro.

Nº 148. **ORGANILLERO.** 570 kg. Castaño chorreado bragado y meano.

Nº 126. **GESTOR.** 580 kilos. Negro.

ten Läufer um uns herum. Das sind so viele, dass man sich fast so fühlt wie in dem Zug, der einen in die Innenstadt Kalkuttas bringt. Wie um alles in der Welt soll man denn hier bitte laufen geschweige denn rennen?

Da es verboten ist, bei dem Encierro zu filmen, zumindest dann, wenn man selbst teilnimmt, sind wir gezwungen, undercover zu arbeiten. Der Kameramann hat eine kleine DV-Cam in seiner Hand, ich trage sowohl die Funkstrecke für den Ton als auch eine kleine Fingerkamera am Gürtel – so habe ich zumindest die Arme frei.

Durchsagen dröhnen durch die Lautsprecher: Alle, die nicht an dem Lauf teilnehmen wollen, werden aufgefordert, den umzäunten Bereich zu verlassen (»Encierro« bedeutet Einschluss: weil die Straßen mit Holzbarrieren umzäunt bzw. abgeriegelt sind). Außerdem wird mitgeteilt, dass es untersagt sei, die Stiere zu berühren oder auf eine andere Art abzulenken, da sie dann zu einer unkontrollierbaren Gefahr werden könnten. Und das Foto- und Filmverbot wird noch mal auf das Deutlichste betont …

Wir verstecken uns, so gut es geht, in der Masse, ich sage noch ein paar Worte ins Mikrofon und erkläre, wie aufgeregt wir sind. Noch vier Minuten! Mein Mund ist vollkommen trocken, und ich habe kaum noch Lust und Kraft, irgendetwas zu sagen. Mein Entschluss, mir keine Sorgen zu machen, war eine schöne Idee, aber nicht realistisch: Je länger ich in dieser Meute stehe und auf den Start warte, desto mehr überträgt sich die allgemeine Anspannung und Nervosität – das ist jetzt definitiv Angst.

Alles wartet auf den Kanonenschlag. Gleich wird es losgehen. Wir treffen die letzten Vorbereitungen, schalten die Funkstrecken und die kleine Fingerkamera ein. Noch drei Minuten! Plötzlich steht ein Polizist vor uns, lächelt und deutet auf meine wirklich gut versteckte Fingerkamera und auf die DV-Cam des Kameramanns. Wir sind aufgeflogen und müssen das Rennen verlassen – sofort! Eine Katastrophe.

Was sollen wir jetzt machen? Wir werden hinter die Absperrung gezerrt. Unzählige Zuschauer stehen nun vor uns und versperren sowohl die Sicht als auch den Weg zurück zur Strecke. Der Kameramann montiert mir die Fingerkamera ab und gibt mir einen Stoß. »Los!«, sagt er, »versuch es noch mal! Vielleicht können wir noch was retten, wenn du an der großen Kamera vorbeiläufst. Ich versuche dich so gut es geht von außen zu verfolgen.«

Noch zwei Minuten! Ich kämpfe mich durch die Massen bis zur Absperrung, habe Glück und komme durch. Doch direkt vor mir steht einer der Polizisten, die uns rausgezogen haben. Mist! Ich schleiche wie ein ertappter Apfeldieb um ihn herum und versuche einen anderen Zugang zu finden. Der Kameramann ist schon längst nicht mehr zu sehen. Da! Eine kleine Lücke! Ich drängele mich sanft durch die Wartenden nach vorne zum Einlass. Noch eine Minute! Ich schaue mich um, erblicke einen anderen Polizisten, zücke meine Akkreditierung, lächele und sage ihm sehr freundlich, ich müsse durch.

Nur noch 30 Sekunden, aber ich stehe wieder auf der Strecke! Wo der Kameramann ist, weiß ich nicht – was ich aber weiß, ist, wo sich unsere Kamera befindet. Ich muss von hier aus also durch die gefährliche Kurve und dann noch 400 Meter weiter.

Es donnert! Das war der Startschuss. Alles jubelt –

der Encierro beginnt! Bis zu meiner Position müssen die Stiere 250 Meter hinter sich bringen – bei bis zu 25 Stundenkilometern brauchen sie dazu knapp 36 Sekunden. Langsam setzt sich die Masse in Bewegung – nach den Lautsprecherdurchsagen sind es nun ein paar Menschen weniger geworden, aber noch immer sind jede Menge Läufer auf der Strecke. Ich schaue häufig zurück, während ich zunächst langsam und dann immer schneller die Gasse entlanggehe.

Aber ich kann nichts sehen! Die anderen hüpfen hoch, um einen Blick auf das Geschehen hinter uns zu erhaschen. Die Ersten beginnen zu laufen – ich natürlich auch. Ich biege um die Kurve und schaue mich wieder um. Jetzt sehe ich, wie sich am anderen Ende der Straße die Menge teilt. Da kommen sie also: Comisario, Pelícano, Jopeo, Ostrero, Organillero und Gestor! Ich renne los, ohne mich umzuschauen. Es wird kräftig geschubst, gerempelt und geschrien, ich komme vorwärts, aber es ist ein irres Chaos, ich werde an eine Hauswand gedrückt.

Plötzlich sind die Stiere da, in knapp zwei Metern Entfernung jagen sie an mir vorbei! Vorneweg ein Ochse, dann Ochsen und Stiere bunt durcheinander … Ich zähle nur die etwas kleineren Stiere: eins, zwei, drei, vier, fünf – und: War das jetzt der sechste oder nicht?! Ich weiß es nicht. Ist einer zurückgeblieben? Wenn ja, kann es gefährlich werden. Ich warte: zehn Sekunden, 15 Sekunden und 20 Sekunden – nichts!

War es das jetzt? Anscheinend schon. Trotz all dem Adrenalin bin ich irgendwie etwas enttäuscht. Die sind ja einfach an mir vorbeigebraust – ich habe sie keine fünf Sekunden lang beobachten können. Jetzt muss ich irgendwie auf mich aufmerksam machen. Wo steckt bloß die Kamerafrau? Da, im Fenster steht sie mit der Kamera! Ich schreie, so laut ich kann – keine Reaktion. Der Lärm ringsum übertönt alles. Egal. Die Begeisterung der anderen reißt mich mit: Auch mich erfüllen jetzt Stolz und Freude, dass ich hier tatsächlich mitgelaufen bin. Und das, ohne irgendwelche Blessuren davonzutragen!

Jetzt erblicke ich den Kameramann, er steht hinter der Absperrung und winkt mir zu. Ich muss zu ihm und mein Statement zu diesem Rennen abgeben: das Schlusswort in die Kamera sprechen. Der Lauf ist verarbeitet! Aber wir haben trotzdem einige Niederlagen erlebt. Der Kameramann konnte nicht zurück auf die Strecke und musste von außen filmen. Zumindest hat er die Stiere, wie sie vorbeijagen, filmen können. Die große Kamera war zu total, als dass man mich richtig hätte erkennen können. Auf die kleine Fingerkamera mussten wir verzichten, um überhaupt an dem Rennen teilnehmen zu können.

Wir brauchen für den Beitrag noch ein paar zusätzliche Bilder. Deshalb renne ich mit einer Fingerkamera – an meinem Bein befestigt – und dem Kameramann im Gefolge weiter durch die engen Gassen. Wir laufen an jeder Menge kleiner Musikkapellen, Opas, Omas, Vätern, Kindern und den dazugehörenden Müttern vorbei. Außerdem an dem einen oder anderen Straßenverkäufer mit kleinen, bellenden und laufenden batteriebetriebenen Stoffhunden. Sie schauen uns spöttisch an, als wir durch die Gassen laufen, ohne dass ein Stier zu sehen wäre. Touristen!, denken sie wahrscheinlich. Oder: Fernsehreporter!

Am Ende bin ich außer Atem, aber glücklich und stolz: Ich habe es geschafft. Sankt Firmin sei Dank.

Ukraine

In der Geisterstadt

Spaziergang durch Tschernobyl

Drei Uhr nachts ist keine gute Zeit, um anzukommen, auch nicht in der Ukraine: Völlig geschlaucht krieche ich in das viel zu kleine Bett unseres Hotels. Dreieinhalb Stunden später sind wir mit Irina, unserer ukrainischen Kontaktperson, in der Hotellobby verabredet. Irina stammt aus Kiew und arbeitet jetzt für Greenpeace in England.

Gegen acht Uhr brechen wir auf Richtung Norden, Richtung Katastrophengebiet, Richtung Tschernobyl. Unser kleiner Transporter ruckelt über den holprigen Asphalt. Wir fahren durch eine gespenstische, vernebelte und leicht mit Schnee bestäubte Landschaft und durchqueren mehrere trostlose Dörfer. Darunter Ivankiv, ein kleiner Ort mit einem großen Lenin-Denkmal auf dem Marktplatz. Während der Fahrt erklärt uns Irina die Verhaltensregeln, die man hier unbedingt einhalten muss: nichts anfassen, nicht rauchen – und immer in ihrer Nähe bleiben. Und vor allem den Anweisungen des uns zugewiesenen Führers folgen.

Jeder von uns erhält einen kleinen Strahlenintensitätsmesser. Diesen müssen wir die ganze Zeit am Körper tragen. »Wenn die Strahlung einen bestimmten Grenzwert überschreitet«, sagt Irina, »gibt der Strahlenmesser einen intensiven Warnton von sich. Wenn wir diesen Ton hören, müssen wir sofort umkehren

und auf demselben Weg zurückgehen, auf dem wir gekommen sind, bis wieder ein sicherer beziehungsweise unbedenklicher Wert erreicht ist. Der Warnton schaltet sich aus, es kann weitergehen, dann aber in eine andere Richtung!«

Die Intensität der Strahlung sei weniger das Problem, erklärt Irina. Auf die Verweildauer komme es an: hohe Strahlenintensität – möglichst kurze Verweildauer. Sie packt einen Geigerzähler aus und zeigt uns das Gerät. Damit will sie an bestimmten Objekten oder Orten Messungen vornehmen. Zuletzt erhalten wir noch Staubmasken, denn das Gefährlichste hier ist der radioaktive Staub. Zum Glück ist jetzt Winter, und Nässe und Schnee verhindern das Herumwirbeln von kleinen Partikeln.

Als Irina ihre Unterweisung beendet hat, erreichen wir die Sperrzone. 40 Kilometer vor Tschernobyl halten wir am ersten Checkpoint der Sicherheitszone. Die Militärpolizei kontrolliert unsere Pässe und die Drehgenehmigung. Nach gut zehn Minuten hebt sich der Schlagbaum und wir können passieren. Die Landschaft hat sich kaum verändert, wir blicken auf leicht mit Schnee bedeckte Laub- und Nadelwälder. Dazwischen befinden sich immer wieder verlassene und von Pflanzen überwucherte Häuser.

In Tschernobyl gibt es einen kleinen Supermarkt, eine Kneipe und einige wenige noch bewohnte Häuser. Unser erster Gang führt uns in die Ortsverwaltung, in der bereits Wladimir, unser offizieller Führer wartet. Gemeinsam fahren wir dann in ein kleines Dorf am Rande von Tschernobyl. Hier treffen wir eine 80 Jahre alte, sehr sympathische Frau, die inmitten verlassener und zum Teil verfallener Häuser wohnt. An der Wand ihres Hauses hängt ein Schild mit kyrillischen Schriftzeichen: »Der Eigentümer des Hauses lebt hier noch! Bitte nicht eintreten!«

Sie gestattet uns ein kurzes Interview. Auf die Frage, warum sie nach der Katastrophe nicht weggezogen sei, erwidert sie, man könne einen alten Baum nicht einfach umpflanzen, er würde eingehen. Sie sei zwar bei der offiziellen Evakuierungsaktion kurzfristig an einen anderen Ort gebracht worden, aber schon wenige Wochen später wieder nach Hause zurückgekehrt: »Es gibt nun mal nichts Schöneres als die eigenen vier Wände.« Anderswo wie ein Flüchtling leben wolle sie nicht. Unterstützung oder Hilfe habe es für die Betroffenen nicht gegeben. Die Gefahr, wenn sie tatsächlich existiere – so sagt sie –, die könne man nicht sehen, nicht spüren oder schmecken. Ihr gehe es gut. Warum solle sie dann gehen und alles verlieren, was ihr lieb und teuer sei?

Vor der Katastrophe ernährte sich die alte Dame von selbst angebautem Gemüse, von Wild, gesammelten Beeren und Pilzen. Und genau das tut sie auch heute noch. Unglaublich! Pilze gelten als die gefährlichsten Strahlensammler unter den Pflanzen.

Nach diesem Gespräch geht es weiter in Richtung Prypjat. Zum Zeitpunkt der Katastrophe eine blühende Stadt mit 50 000 Einwohnern – knapp drei Kilometer vor dem havarierten Reaktor Nummer 4. Einst war diese Trabantenstadt für die Arbeiter in den Atomkraftwerken gebaut worden. 16 Reaktoren sollten hier ursprünglich entstehen, aber nur sechs wurden gebaut.

Neben einem eigenen Rummelplatz gab es jede Menge Restaurants, Kinos, Theater, Schulen, Kindergärten und natürlich die großen Wohnblöcke.

Jetzt ist Prypjat eine Geisterstadt. Das verrostete Gestänge eines Riesenrads für Kinder ragt in den Himmel. Längst erloschene, mit roten Sowjetsternen verzierte Straßenlaternen säumen die leeren Straßen. Der Wind pfeift durch die offenen Fenster der verlassenen Wohnungen. Die großen Schaufenster des Supermarktes sind zerbrochen, ein Einkaufswagen liegt vor den verrotteten Überresten einer Gefriertruhe. Vor knapp 23 Jahren tobte hier noch das Leben. Jetzt ist hier nichts, absolut gar nichts mehr. Die unnatürliche Stille dieses leblosen Ortes ist ohrenbetäubend.

Vorsichtig biege ich um eine Ecke, doch plötzlich hält mich Irina zurück. Mit dem Geigerzähler in der Hand nähert sie sich einem mit Moos umwucherten Gullydeckel direkt vor mir. Das in der Stille verdammt laute Klicken ertönt in immer kürzeren Abständen, je näher sie dem Gullydeckel kommt. Bald zeigt die Skala mehr als das 20-Fache der normalen Umgebungsstrahlung an. Sofort ziehen wir uns ein paar Meter zurück, bis die Werte wieder im Normalbereich liegen.

Irina erklärt, dass es gewisse Punkte gebe, an denen die Plutoniumkonzentration besonders hoch sei. Besonders unter Bäumen und Sträuchern an den Stellen, wo sich im Sommer der radioaktive Staub sammele, oder aber – wie hier – in Bereichen, wo sich Bodengewächse wie Moose und Flechten ausbreiteten.

Unser Weg führt uns nun zu einem Kindergarten. Jetzt bin ich wirklich dankbar, die Staubmaske zu tragen, denn in den Räumen liegt keine schützende Schneeschicht über dem Boden. Bunte Bilder, kaputte Teddys, Bauklötze, verrottete Puppen und dazwischen jede Menge Schutzmasken. Mit Tränen in den Augen erzählt uns Irina, dass die Kinder keine Chance gehabt hätten. Es sei zwar Pflicht gewesen, die Schutzmasken in den Kindergärten zu tragen, doch wenn überhaupt, seien diese viel zu spät benutzt worden.

Als 1986 das Unglaubliche passierte, hielt Irina sich in Kiew auf. Sie war schwanger. Sie hat Glück gehabt im Gegensatz zu zahllosen ihrer Landleute.

Schnell verlassen wir diesen trostlosen Ort und fahren zu unserem letzten Ziel an diesem Tag: zum Reaktor Nummer 4, dem Sarkophag! So wird der aus

Stahlbeton bestehende Schutzmantel um den Reaktor herum genannt, der nach dem Unglück errichtet wurde. Wir parken knapp 200 Meter vor dem Reaktor, der vor über zwei Jahrzehnten havarierte. Ich hätte nie gedacht, dass wir so nah an dieses Monster herankommen würden. Und ich habe Angst. Irina beruhigt mich und sagt wieder, dass die Zeit der entscheidende Faktor sei: »Hohe Strahlungsintensität – möglichst geringe Verweildauer!« Wir bleiben daher an diesem geschichtsträchtigen Ort nicht länger als fünf Minuten. Nach der Abschlussmoderation mache ich noch schnell ein Foto. Jetzt nur noch weg hier!

Kaum zu glauben, dass dieses Unglück durch einen Testlauf ausgelöst wurde. Am 26. April 1986 hatte man versucht, im Reaktor Nummer 4 einen Notfall zu simulieren: Es sollte nachgewiesen werden, dass die Anlage über eine ausreichende Stromversorgung verfügt – nach einer Reaktorabschaltung bei gleichzeitigem Ausfall der äußeren Stromversorgung. Alles nur um zu sehen, wie das Notfallsystem funktionierte. Doch es funktionierte nicht. Die Stäbe wurden überhitzt. Es kam zu einer Explosion, die Hülle des Reaktorgebäudes zerriss und setzte eine gewaltige Wolke von radioaktiven Stoffen frei: unter anderem Iod-131, Caesium-137 und Strontium-90. Durch Wind und Regen verteilte sich dieser radioaktive Fallout über ganz Europa. Seine Spur ließ sich bis nach Bayern, Sachsen oder Tschechien verfolgen.

Zunächst spielte vor allem das in großen Mengen freigesetzte Iod-137 eine Rolle. Es hat eine starke krebsfördernde Wirkung auf die menschliche Schilddrüse. Da das Iod-137 nur eine Halbwertszeit von acht Tagen hat, war die radioaktive Belastung nach wenigen Wochen gleich null. Dennoch erkrankten in der Ukraine schätzungsweise 4000 Menschen an Schilddrüsenkrebs. Da die Heilungschancen bei dieser Erkrankung aber sehr gut stehen, waren »nur« einige Dutzend Todesopfer zu beklagen. Caesium-137 und Strontium-90 haben eine Halbwertszeit von ungefähr 28 bis 30 Jahren, somit ist auch ihre Wirkung »bald« versiegt.

Aber der mehrere Wochen dauernde Brand setzte auch große Mengen radioaktives Plutonium und Americium frei. Diese Schwermetalle konnten sich – anders als die leichteren Stoffe wie Caesium und Strontium – nicht so weit verteilen. Sie regneten innerhalb der 30 mal 60 Kilometer großen Sperrzone um den Reaktor nieder.

Plutonium und Americium haben eine Halbwertszeit von 25 000 Jahren. Das bedeutet, dass sie noch nach 1000 Generationen ähnlich intensiv strahlen werden wie heute. In den vergangenen 23 Jahren sind diese Stoffe – so schätzen die Wissenschaftler – bis zu 50 Zentimeter tief in den Erdboden eingedrungen. Bei dieser Geschwindigkeit werden sie noch einige Jahrzehnte brauchen, bis sie das Grundwasser erreicht haben. Aufhalten kann das aber niemand. Sobald diese Stoffe durch Atmung oder Nahrungsaufnahme in den Organismus gelangen, wird es richtig gefährlich. Jede Form von Krebserkrankung kann die Folge sein.

Doch welche Wirkung all diese Stoffe in diesen Dosen auf den Organismus haben und noch haben werden, ist völlig unklar. Eines ist jedoch sicher: Es gibt eine Art »Tschernobyl-AIDS«: Die Dauerbelastung durch radioaktives Caesium und Strontium hat bei vielen Kindern in der Region Immunschwäche-Erkrankungen verursacht.

Auf dem Rückweg nach Kiew halten wir am Denkmal für die 137 Werksfeuerwehrleute, die unmittelbar nach dem Unglück versucht haben, das Höllenfeuer zu löschen. Sie wurden allesamt hochgradig verstrahlt. Die Menschen zerfielen bei lebendigem Leibe, die meisten von ihnen starben einen qualvollen Strahlentod. In der heutigen Ukraine werden sie als Helden verehrt. »Denen, die die Welt retteten« lautet die Inschrift des Denkmals.

England

Wetten, dass …?!

Der Rasierapparat und der Rasenmäher

Brian Radam ist schon weit über 50, aber man sieht es ihm überhaupt nicht an. Na gut, an seinem Hinterkopf zeichnet sich schon eine kahle Stelle ab, doch im Großen und Ganzen wirkt er beinahe jugendlich. Zum einen liegt das wohl an der spitzmausartigen Kopfform, die eine markante Brille zusätzlich lausbübisch akzentuiert, zum anderen aber bestimmt auch an seinem verrückten Hobby. Brian Radam, Exrennfahrer, sammelt mit größter Begeisterung und Leidenschaft Rasenmäher. Er ist Chef und stolzer Besitzer des British Lawnmower Museum in Southport. Very British, indeed!

Vor über 170 Jahren wurde der Rasenmäher erfunden, und selbst von diesem ersten Gerät besitzt Brian Radam ein Duplikat. Die genaue Anzahl seiner Rasenmäher kann oder will er mir nicht nennen, aber er ist in der Lage, nur anhand des Betriebsgeräusches jeden Rasenmäher zu identifizieren und den Modellnamen zu nennen. Von dieser beeindruckenden Fähigkeit erzählt er uns leider erst am Ende dieses verdammt langen Drehtages und daher fehlt uns die Zeit, diese an sich höchst interessante Geschichte in Bilder umzusetzen. Vielleicht hat ja »Wetten dass …?« Interesse.

Aber der Reihe nach: Brian ist wirklich ein lustiger Geselle. Allerdings nur dann, wenn die Kamera nicht läuft. Das ist für uns allerdings äußerst unpraktisch, um es mal vorsichtig auszudrücken. Die Redakteurin atmet immer wieder tief durch, sie muss sich wirklich sehr zusammenreißen. Wir versuchen wirklich alles, doch diese harte Nuss lässt sich einfach nicht knacken. Trotzdem ist es sehr interessant, Brian Radam dabei zuzuhören, wie er mit Feuereifer die ganze technische Geschichte der Rasenmäher-Entwicklung erzählt und erklärt. Egal ob Sichel-, Kreisel- oder Spindelmäher. Aber anscheinend bin ich der Einzige im Team, der dieser Darstellung etwas abgewinnen kann.

Da wir ja in England sind und man nicht abschätzen kann, wie sich das Wetter entwickeln wird, beginnen wir unseren Dreh draußen. Brian und ich treten in einem Wettkampf gegeneinander an. Wer wird wohl zuerst sein abgestecktes Rasenfeld gemäht haben? Nach dem Wettkampf erfahre ich, dass Brian schon »Rasenmäher-Champion« gewesen ist. Damit ist klar, warum ich hier nicht den Hauch einer Chance hatte.

In England gibt es eine richtige »Rasenmäher-Liga«. Zum Teil treten 20 Mann starke Teams in Zwölf-Stunden-Wettkämpfen gegeneinander an und mähen sich beinahe um Kopf und Kragen. Es gibt seit vielen Jahren auch einige Verrückte, die Rasenmäher so umbauen, dass sie damit Höchstgeschwindigkeiten von über 100 km/h erreichen können: die Lawnmower-Racer, die Rasenmäher-Rennfahrer. Aber ich wusste ja schon vorher, dass so manch ein Engländer einen Sprung in der Schüssel hat.

So british und schräg und amüsant das hier auch alles ist: Interviews mit Brian verlangen einem eine Engelsgeduld ab. Ein Beispiel gefällig? Bitte sehr: Brian besitzt in seinem »Lawnmower«-Museum ein Rasenmähermodell der Firma Wilkinson. Bei seinen Recherchen hat sich herausgestellt, dass Wilkinson von dieser Sache überhaupt keine Ahnung hat. Die ganze Historie – Entwicklung, Produktion und Vertrieb dieses Gerätes – war also in den staubigen Archiven des Weltkonzerns verloren gegangen. Die neuen Generationen wussten also bis zur Anfrage von Brian Radam gar nicht von ihrer Rasenmäher-Vergangenheit!

Wir entscheiden uns dafür, Brian diese Geschichte erzählen zu lassen. Da wir seine Redseligkeit, was technische Details angeht, bereits ausgiebig kennengelernt haben, bitten wir ihn, in diesem Fall einfach die technischen Einzelheiten außen vor zu lassen und nur die Wilkinson-Story zu erzählen. Das Interview beginnt. Ich schaue mich neugierig um, entdecke den Wilkinson-Rasenmäher und frage lächelnd: »Hey! Da ist ja auch ein Modell von Wilkinson! Ich dachte, die machen nur Rasierapparate?!« Brian schaut mich an und antwortet: »Ja, das ist ein toller Rasenmäher aus den Dreißigerjahren. Er ist ganz anders als die sonstigen Modelle, seine Schneiden sind so konzipiert, dass man sie nicht schärfen muss. Sie machen das sozusagen von ganz allein! Das ist wirklich wunderbar, denn …«

Ich lasse ihn noch ein bisschen weiter fachsimpeln, in der Hoffnung, dass er bald die eigentliche Geschichte um den Verlust der Rasenmäher-Historie bei Wilkinson zum Besten geben wird. Aber Fehlanzeige. Ich stoppe ihn sanft und erinnere ihn an die Absprache. Er schaut mich mit großen Augen an, schlägt sich mit einer Hand an die Stirn und sagt: »Ach ja! Stimmt. Sorry. Alles klar, noch mal!«

Durchatmen, er hat es verstanden. Neuer Versuch. Ich schaue mich neugierig um, entdecke den Wilkinson-Rasenmäher und frage lächelnd: »Hey! Da ist ja auch ein Modell von Wilkinson! Ich dachte, die machen nur Rasierapparate?!« Brian lächelt zurück und antwortet: »Ja, ja! Der Wilkinson ist wirklich ein toller Rasenmäher. Er stammt aus den Dreißigerjahren. Er ist ganz anders als die sonstigen Modelle, seine Schneiden sind so konzipiert, dass man sie nicht schärfen muss. Sie machen das sozusagen von ganz allein! Das ist wirklich wunderbar, denn …«

Diesmal unterbreche ich ihn früher. Wieder große Augen, wieder das Verständnis. Dritter Versuch. Ich schaue mich neugierig um, entdecke den Wilkinson-Rasenmäher und frage lächelnd: »Hey! Da ist ja auch ein Modell von Wilkinson! Ich dachte, die machen nur Rasierapparate?!« Brian lächelt, antwortet aber nicht. Stille! Dann entschuldigt er sich – er habe die Frage vergessen. Ich erkläre es ihm noch einmal. Und er nickt: »Ach ja!« Vierter Versuch.

Ich schaue mich neugierig um, entdecke den Wilkinson-Rasenmäher und frage lächelnd: »Hey! Da ist ja auch ein Modell von Wilkinson! Ich dachte, die machen nur Rasierapparate?!« Brian antwortet diesmal sofort: »Der Wilkinson ist wirklich ein toller Rasenmäher. Er ist mit einer ganz besonderen Technik ausgestattet und stammt aus den Dreißigerjahren. Seine Schneiden sind so konzipiert, dass man sie nicht schärfen muss. Sie machen das… » Ich schaue ihm in die Augen – er reagiert: »… sozusagen von ganz allein! Die Ingenieure, die heute bei Wilkinson arbeiten, wussten gar nicht, dass ihre Firma mal einen Rasenmäher entwickelt hat!«

Ich weiß nicht, ob man diese Antwort so schneiden kann, dass sie für den Film taugt. Aber er hat es endlich gesagt, und noch einen weiteren Versuch können wir uns nicht mehr leisten. Uns läuft die Zeit davon. Unser Flieger zurück nach München geht um sechs, und jetzt ist es schon fast vier. Dabei müssen wir von Southport noch eine knappe Stunde nach Manchester fahren, den Mietwagen abgeben und einchecken. Wir drehen die letzten Einstellungen, verabschieden uns so schnell und höflich wie möglich und schauen auf die Uhr: Viertel vor fünf!

Unter großzügigster Auslegung der Verkehrsregeln und gelegentlichem Außerkraftsetzen der Schwerkraft jagt der Kameramann unseren Wagen in rekordverdächtigen 40 Minuten zum Flughafen. Dort setzt er uns am Schalter ab und bringt den Wagen zum Vermieter zurück. In dieser Zeit checken wir das ganze Gepäck ein. Schließlich sitzen wir alle im Flieger. Wir haben es wieder einmal geschafft. Brian wird wohl niemals seine eigene TV-Show bekommen, aber so einem sympathischen Typ mit so einem verrückten Hobby verzeiht man einiges.

Schottland

Baumstammweitwurf mit der Queen

Highland Games in Braemar

Morgens um neun Uhr kommen wir im 170 Kilometer von Aberdeen entfernten Braemar an. Hier finden die ursprünglichsten und berühmtesten Highland Games statt. Seinerzeit hatten die keltischen Könige verkündet, sie würden die stärksten, schnellsten und besten Männer in ihre Dienste nehmen. Also trafen sich die schottischen Clans in den Highlands und trugen sportliche Wettkämpfe aus: Die Highland Games waren geboren.

Hier sieht es auf den ersten Blick aus wie bei einem gut besuchten Sportfest, eine Atmosphäre wie bei den Bundesjugendspielen. Mehrere berockte Herren verrichten ihre Dienste als Ordner und achten auf nette Art und Weise darauf, dass alles seinen geregelten Gang geht. Alle möglichen Farbkombinationen sind auf den Schottenröcken zu bestaunen: rot-blau kariert, grün-weiß kariert, orange-blau kariert, schwarz-grün kariert … Aber von wegen, nichts drunter – ich habe 100 Schotten gefragt, allen war es definitiv zu kalt, um unten ohne dazustehen! Also sind die blanken Schottenhintern unter den Röcken wohl eine Legende.

Natürlich bekomme auch ich einen Kilt verpasst – ohne diesen darf man wahrscheinlich gar nicht an den Highland Games teilnehmen! Mein Partner heißt Alain Sim und ist ein richtiger Haudegen, mit Händen so groß wie Kloschüsseln und einem Händedruck, bei dem man das Atmen vergisst. Wie alle hier ist auch er ein sanfter Riese, aber trotzdem eben ein Riese! Er hat schon an Hunderten von Highland Games teilgenommen, überall auf der Welt. Von Jakarta bis Moskau, von Sao Paulo bis Honolulu und von Boston bis Peking. Überall dort, wo sich Schotten niedergelassen haben, ist diese alte schottische Tradition zu finden.

Aber jetzt geht es um Braemar, Alain und mich. Ununterbrochen sind hier Dudelsäcke zu hören, das geht einem nach kurzer Zeit im wahrsten Sinne des Wortes auf den Sack! Das Stadion, in dem alle Disziplinen wie bei einem Leichtathletikwettkampf abgehalten werden, füllt sich stetig – ich glaube es sind zwischen 10 000 und 15 000 Zuschauer.

Alle Wettkämpfe werden auf feinstem Rasen ausgetragen, auf dem mit Kreide die notwendigen Linien gezogen wurden. Und dann geht es los: Weitsprung, Hochsprung, Dreisprung und so weiter. Zwischendurch immer wieder die Dudelsäcke, Schwerttänzer und Trommeln.

Meine erste Disziplin ist das 100-Yard-Rennen. Und während ich mich so langsam auf den Lauf vorbereite, natürlich im Kilt, gesellen sich nach und nach die anderen Teilnehmer zu mir. Alle, wirklich alle – ohne Kilt! Es sind Profis, zum Teil sollen hier sogar Olympiateilnehmer dabei sein. Was für ein Bild! Sechs Top-Athleten, alle mit speziellen Rasen-Spikes, engen, windschnittigen Outfits und einem eigenen Startblock bewaffnet, und mittendrin der in Kilt und Pulli gehüllte Harro, mit ganz normalen Turnschuhen und ohne Startblock.

Dann geht es los! Als ich aus meiner Startposition komme, haben alle anderen schon gefühlte 50 Yard hinter sich gelassen! Eine johlende Menge geleitet mich bis ins Ziel – und die muss lange johlen! Was bin ich doch für eine Wurst geworden! Kaum im Ziel angekommen, kommt ein berockter Ordner und führt mich zu einem Mikrofon. Der Moderator dieser Veranstaltung, ebenfalls im Kilt, will mit mir ein kurzes Interview führen. Oh Gott! Er sagt: »I've seen a man running in a Kilt, I can't believe it – was it a German? – Ich habe hier einen Mann in einem Kilt laufen sehen – War das ein Deutscher?« Ich antworte schüchtern: »Ähm – Yes!« Die knapp 15 000 Zuschauer johlen und nach ein paar weiteren Fragen bin ich entlassen.

Jetzt geht es weiter zum Hammerwerfen. An einem ein Meter langen Holzstab ist eine Eisenkugel befestigt und das Ganze wiegt so etwa 20 Kilogramm. Diejenigen, die diese Disziplin ausüben, sind durch die Bank 80 Kilo schwerer und die meisten auch mindestens einen Kopf größer als ich. Außerdem gibt es auch hier Spezialschuhe. Sie sind mit etwa 20 Zentimeter langen Klingen an der Spitze ausgestattet, die die Athleten in den Rasen stoßen, um zu verhindern, dass die Fliehkraft der Rotation des Hammers sie umreißt. Aber immerhin tragen hier alle Kilt. Diese Riesen schleudern das Gerät aus einem Käfig, der zu einer Seite offen ist. So furchtbar schwierig sieht das gar nicht aus, vielleicht habe ich ja hier doch eine Chance.

Ich gehe als letzter Teilnehmer in den Käfig. Als ich den Hammer in die Hand gedrückt bekomme, erscheint er mir gar nicht so schwer, doch als ich beginne zu rotieren, wird mir einiges klar. Ich habe kaum Muskeln, keine Stabilität und keine Technik – so kann man hier keinen Blumentopf gewinnen, geschweige denn den Hammer werfen! Ich sehe sicherlich ganz schön lächerlich aus, ein rutschender, stöhnender Deutscher, der von einem Hammer herumgewirbelt wird. Immerhin habe ich den Ausgang des Käfigs getroffen. Wieder johlen und klatschen die Zuschauer, als mein Hammer knapp sechs Meter weiter aufschlägt. Lachend reicht mir Alain seine Pranke und führt mich aus dem Käfig.

Aber die Demütigung geht weiter – jetzt kommt das »Caber Tossing«, die Königsdisziplin der Highland Games! Ein vier bis sechs Meter langer Baumstamm muss so geworfen werden, dass er sich einmal überschlägt. Je genauer das gelingt, desto besser wird der Versuch gewertet. Ungültig sind die Versuche, bei denen sich der Baumstamm gar nicht überschlägt. Dieser Baumstamm verjüngt sich zu einer Seite, sodass dieses Ende in etwa den Durchmesser eines Handtellers erreicht. Das Gewicht liegt bei ungefähr 60 Kilogramm. Zwei bis drei Mann helfen zunächst beim Aufstellen des Stamms mit dem dünnen Ende nach unten. Der Athlet stellt sich dabei breitbeinig auf, stützt den Stamm mit seiner Schulter ab und umgreift ihn dann mit seinen verschränkten Händen. Es ist, als ob man jemandem eine Räuberleiter machen möchte. Zunächst wird das Sportgerät sorgfältig ausbalanciert und dann rutschen Hände und Schultern so weit wie möglich nach unten. Das Ganze sieht jetzt so aus, als würde der Sportler auf der Toilette sitzen und dabei ganz weit nach vorne greifen, um an das Toilettenpapier zu reichen. Jetzt wird das Sportgerät hochgerissen, kurz noch einmal ausbalanciert und los geht's. Durch einen kurzen Sprint wird Schwung geholt und der Stamm mit der Schulter nach vorne gedrückt. Im richtigen Moment heißt es dann, diesen mit den Armen nach oben zu wuchten, und jetzt beginnt die Rotation des Stammes. Wer den richtigen Moment und die richtige Schnellkraft entwickelt hat, darf sich freuen, denn sein Wurfgeschoss überschlägt sich.

Inzwischen ist sogar Queen Elisabeth eingetroffen. Sie ist die Schirmherrin dieser Veranstaltung, kommt in ihrem Spezial-Rolls-Royce und trägt diesmal einen roten Hut. Sie wird von Hunderten Dudelsäcken und Trommeln empfangen und guckt sich nun die Spiele an. 100 Meter von mir entfernt setzt sie sich in ihre Loge, neben Prinz Charles.

Jetzt bin ich mit dem Caber Tossing dran. Mir ist klar, dass ich den Stamm nie zum Überschlag bringen werde. Aber um einen Rest von Würde zu behalten, hoffe ich inständig, dass ich zumindest den Wurf schaffe!

Der Stamm wird aufgestellt und ich begebe mich in die Startposition. Der Baum drückt schwer gegen meine Schulter, doch dann stabilisiert sich das Ding und es wirkt gar nicht mehr so schwer! Ich wittere meine Chance, die Blamagen der letzten Disziplinen wieder auszubügeln. Jetzt nur noch einen kurzen Schwung, die Hände unter den vier Meter langen Stamm bringen und werfen! Ich stoße den Baumstamm in die Höhe und versuche, meine Hände unter das Sportgerät zu bringen, aber ich komme nur einige Zentimeter weit unter meine vorherige Halteposition. Die 60 Kilo verselbstständigen sich und kippen nach hinten weg. Der Stamm knallt auf meine Schulter. Das tut weh. Psychisch, aber vor allem physisch, doch ich versuche mir nichts anmerken zu lassen – immerhin ist die Queen zugegen!

Ein leichtes Raunen geht durch die anwesenden Zuschauer. Ich weiß nicht, ob die Queen etwas von diesem kläglichen Versuch mitbekommen hat, kurz danach verlässt sie jedenfalls unter lautem Tamtam und Gedudel das Stadion. Ich versuche, es mit dem olympischen Gedanken – »Dabei sein ist alles!« – sportlich zu nehmen. Im Schottenrock Bäume um sich zu werfen ist einfach nichts für Anfänger.

Bulgarien

Der Feuertanz

Auf glühenden Kohlen

Im vierten Jahrhundert nach Christus hat Konstantin der Große der Legende nach die Liebe zu seiner Mutter Helena mit einem Lauf über glühende Kohlen unter Beweis gestellt. Beide wurden später von der Kirche heiliggesprochen. Der daraus entstandene Feuerlauf findet traditionell am dritten Juni statt und verbindet diese Heiligenlegende mit vorchristlichen Riten zu Ehren des Sonnengottes. Das ursprünglich heidnische Ritual wird heute vor allem im südöstlichen Teil Bulgariens von strenggläubigen Katholiken vollzogen. Mit hoch über dem Kopf gehaltenen Ikonen wagen die in traditionellen Gewändern gekleideten Feuertänzerinnen und Tänzer den Weg über die glühenden Kohlen. Sie bestärken damit ihre Liebe zu Gott und ihren unerschütterlichen Glauben und sühnen ihre Sünden.

Diese Tradition hat inzwischen auch viele Ungläubige in ihren Bann gezogen und wird aus diesem Grund auch als Touristenattraktion angeboten. So kann man zum Beispiel in einem Hotel am Sunny Beach, einem Badeort am Schwarzen Meer, der doch sehr stark an die typischen Ballermann-Orte auf Mallorca erinnert, einen Tagestrip zu den Feuertänzern buchen. Zumeist wird dann an irgendeinem beliebigen Ort ein Feuertanz nur für die Touristen organisiert.

Es gibt nur noch wenige Orte, an denen diese uralte Tradition tatsächlich noch als religiöses Ritual fortgeführt wird. Bulgari, ein kleines Dorf 30 Kilometer von der türkischen Grenze entfernt, ist einer dieser Orte. Im Hinterland versteckt und nur über zum Teil mit riesigen Schlaglöchern übersäte Straßen erreichbar, liegt es mitten in der stark bewaldeten und leicht hügeligen Landschaft versteckt.

Wir landen zunächst in Burgas und fahren dann knappe anderthalb Stunden über holprige Straßen bis nach Bulgari. Gut durchgeschüttelt steigen wir aus unserem kleinen Wagen und schauen uns in dem verschlafenen Dörfchen um. Neben der Kirche sind ein paar Tische aufgestellt, an denen schon der ein oder andere an einem Bier nippt. Alle Augen sind auf uns gerichtet, vor allem aber auf die blonde Kamerafrau, die bei den im Durchschnitt siebzigjährigen Dorfbewohnern besonders gut ankommt.

Wir umrunden das alte und marode Kirchengebäude und treten kurz darauf auf den Dorfplatz. Hier gibt es einen Steinkreis von gut sechs Metern Durchmesser. Ein paar alte Steinhäuser umsäumen den Platz. Auf einer Parkbank direkt vor der Kirche sitzt ein altes Paar und starrt uns neugierig an. Wir suchen jetzt erst einmal nach unserem Kontaktmann Ilias.

Als wir ihn endlich gefunden haben, grüßt er uns in gebrochenem Englisch, schnippt die im Mundwinkel hängende Zigarettenkippe auf die Straße und holt sich im selben Augenblick die nächste aus seiner Brusttasche.

Zuerst bittet Ilias uns in sein Restaurant. Nach einem kurzen Gespräch und einem stärkenden Mahl bringt er uns dann zu unserer Unterkunft. Auf den ersten Blick sieht zwar alles sehr spartanisch, aber sauber aus. Ich stelle meinen Koffer ab und setze mich auf mein Bett – zumindest versuche ich es. Das Bett ist so durchgelegen, dass ich erst wenige Zentimeter vor dem Boden abgefangen werde. Man hätte das Ding auch ohne Weiteres eine Hängematte nennen können. Na ja, es ist nur für zwei Nächte und wird schon gehen. Da wir noch Zeit haben, machen wir jetzt einen kurzen Abstecher an die 30 Kilometer entfernte Küste. Dort springen wir ins Schwarze Meer und planschen ein bisschen, bevor wir zurück nach Bulgari fahren. Wann haben wir bei diesen anstrengenden und harten Reisen denn schon mal die Zeit, ein wenig zu entspannen und Kräfte zu sammeln?

Am Abend gesellen wir uns zu den anderen Dorfbewohnern, die sich nun allesamt an der Kirche eingefunden haben. Dort sitzen sie nun an den Tischen und trinken. Wir bestellen uns auch jeweils ein Bier und setzen uns mitten hinein. Wir verstehen kein Wort von dem, was um uns herum gesprochen wird, denn Englisch spricht hier kein Mensch. Trotzdem will ich gerne mit den Menschen in Kontakt treten. Ich proste also einem weißhaarigen alten Mann zu, der auch sofort zu uns an den Tisch kommt. Erstaunlicherweise spricht er ein paar Brocken Deutsch. Er heißt Bobby, hat rot unterlaufene Augen und eine unglaubliche Fahne. Der Geruch, den er verströmt, erinnert mich an Brennspiritus.

Um nicht unhöflich zu sein, stoßen wir immer wieder mit ihm an: »Na zdrave«! Ich bin eigentlich schon gut bedient, da zaubert mein neuer Freund plötzlich eine Flasche mit einer gelblichen Flüssigkeit hervor. »Schnaps«, sagt er auf Deutsch und reicht mir ein volles Glas. Dann heißt es wieder »Na zdrave«, er nimmt einen großen Schluck und schaut mich erwartungsvoll an.

Oh je, da muss ich jetzt wohl durch. Hoffentlich ist das kein Selbstgebrannter, der mich erblinden lässt. »Na zdrave« sage auch ich und tue es ihm gleich. Was für ein Tropfen – nicht schlecht, aber saustark. Jetzt bemerke ich erst, dass Bobby einen leichten Tick hat. Hin und wieder zuckt er kurz mit der Schulter und dem Kopf, bevor er weiterspricht. Ob wohl der »Schnaps« die Ursache ist? Nachdem er mir seinen besten Freund, einen 120 Kilogramm schweren, mit angeschwollenen Lippen, ebenfalls rot unterlaufenen Augen und einer fast noch übleren Fahne ausgestatteten Riesen, vorgestellt hat, erfahren wir auch sein Alter: 41. Unglaublich, der Mann sieht eher aus als wäre er 88.

Zwischendurch dreht sich Bobbys Freund immer wieder zu mir um, fragt jedes Mal auf Bulgarisch nach meinem Namen und sagt dann in gebrochenem Englisch: »My name is Hitler!« Darauf folgt ein schallendes Lachen und natürlich ein »Na zdrave«.

Gegen elf Uhr wollen wir dann aufstehen und gehen, doch damit stoßen wir auf vollkommenes Unverständnis! Wir sollen bleiben und trinken, und immer noch mehr trinken und trinken! Ich lasse mir noch einen Schnaps einschenken, um die trinkfesten Bulgaren nicht zu beleidigen und stürze es mit einem lauten »Na zdrave« herunter.

Auf dem Heimweg habe ich dann leichte Schlagseite und taumele durch die Dunkelheit. Viel sehen kann ich auch nicht und das, was ich sehe, ist sehr verschwommen. In der Pension falle ich in meine »Hängematte« und versuche zu schlafen. Ich finde aber einfach keine gemütliche Position, das Durchhängen der Matratze macht mich wahnsinnig. Mitten in der Nacht komme ich dann auf die grandiose Idee, meine Matratze einfach auf den Boden zu legen, und schlafe endlich ein.

Der Schnaps muss wirklich gut gewesen sein, denn am nächsten Tag geht es mir blendend. Wir laufen zum Dorfplatz, wo gerade eine Prozession stattfindet, die in der rituellen Schafschlachtung endet. Nachdem dem Schaf der Kopf mit einem dem Augenschein nach stumpfen Messer abgetrennt wurde – zumindest braucht der Priester einige Anläufe, bevor der Hals durchtrennt ist –, zuckt der Körper noch einige Minuten lang. Danach helfe ich dem Feuermacher beim Aufschichten des Holzes, die Grundlage für die abendliche Feuertanzzeremonie.

Plötzlich taucht Bobby auf und begrüßt mich wie einen guten alten Freund. Seine Augen sind immer noch rot und sein Atem hat noch an Schärfe zugelegt. Er hat tatsächlich die Nacht durchgemacht und heute Morgen lediglich ein Stündchen geschlafen. Mir wird klar:

Bulgari ist ein Dorf voller Kampftrinker! Aber so sehen seine Bewohner auch aus.

Ich helfe Micha beim Holzstapeln und stelle ihm währenddessen einige Fragen zu dem bevorstehenden Ritual. Dazu gehört natürlich auch ein Fußsohlenvergleich. Ich schaue mir seinen mit einer dicken Hornhautschicht versehenen Fuß an und zeige ihm meine Füße. Er lacht kurz auf und sagt, dass er nicht glaube, dass ich es mit diesen »Frauenfüßen« schaffe … Na super!

Plötzlich beginnt es wie aus Kübeln zu gießen. Der Himmel ist fast schwarz und helle Blitze zucken darüber. Was soll nun aus unserem Feuertanz werden? Fällt er im wahrsten Sinne des Wortes ins Wasser? Ich bin hin- und hergerissen. Zum einen bin ich gespannt auf die Zeremonie, andererseits habe ich inzwischen ganz schön Angst bekommen. Über glühende Kohlen zu gehen ist nicht ungefährlich und alle Männer, die wir hier getroffen haben, sind der Meinung, ich solle es nicht machen. Viele haben es schon probiert und sind anschließend mit schlimmen Verbrennungen ins Krankenhaus gekommen. Nach diesen Gesprächen bin ich verunsichert … Soll ich jetzt also hoffen, dass es weiterregnet, oder nicht?

Nach knappen zwei Stunden Dauerregen hört es auf und die Sonne kommt durch. Jetzt taucht Micha wieder auf und zündet den riesigen Holzhaufen an. Nach kurzer Zeit lodern die Flammen bereits gute zwei bis drei Meter aus dem Holzturm hervor und lassen die Umgebungsluft flimmern. Es ist so heiß, dass es fast unmöglich ist, auch nur in einer Entfernung von fünf

Metern zum Feuer zu stehen. Das Innere des Holzstapels glüht schon in einem intensiven Gelb-Rot und die Hitze versengt die Härchen auf meinen Armen. Gegen sechs Uhr abends beginnt das Fest. Inzwischen sind mehrere hundert Zuschauer eingetrudelt, die sich auf dem Dorfplatz oder in den angrenzenden Gassen tummeln. Hier gibt es kleine Stände mit Essen und Trinken, wie wohl auf jedem Volksfest der Welt.

Mehrere bulgarische Folklore-Gruppen spielen stundenlang Lieder, die für meine Ohren leider alle genau gleich klingen. Am penetrantesten sind die Töne des bulgarischen Dudelsacks. Er klingt fast genauso wie der schottische, ist jedoch noch etwas schriller. Dazu tanzen traditionell gekleidete Tanzgruppen aus den umliegenden Gemeinden. Die Zeit will einfach nicht vergehen, sie zieht sich wie Kaugummi. Nur langsam wird es dunkel. Meine Nervosität steigt unaufhaltsam, ich bin mir wirklich nicht sicher, ob ich mich am Ende tatsächlich trauen werde, über die Kohlen zu gehen.

Jetzt ist es so weit: Die Stämme sind inzwischen allesamt zu glühender Kohle verbrannt, die glimmend ihre Hitze in die Zuschauermenge abstrahlt, welche sich um den Steinkreis herum versammelt und von Polizisten bis zu einer weißen Linie zurückgedrängt wird. Nur die Presse darf innerhalb dieses Kreises arbeiten.

Mein Herz schlägt mir inzwischen bis zum Hals. Nun kommen die in traditionelle Gewänder gehüllten Tänzerinnen und ein Tänzer, Micha. Er verteilt zunächst die heißen Kohlen in dem gesamten Steinkreis und lässt nur einen schmalen Streifen am Rand unbedeckt. Dann beginnt das Spektakel. Zwei Trommler und zwei Dudelsackspieler umrunden den Steinkreis. Ihnen folgen drei Ikonenträger, zwei Tänzerinnen und Micha. Die zwei Frauen haben zwischen sich einen jüngeren Mann eingehakt, der sich fast weinend hin und her krümmt, als habe er heftige Schmerzen. Dann beginnen alle im Takt der Musik zu hüpfen und zu klatschen.

Langsam versetzt sich die Gruppe in einen trance-ähnlichen Zustand und betritt den glühenden Kreis. Zunächst drehen alle ein paar Runden auf dem schmalen, glutfreien Streifen, um dann plötzlich durch die rot glimmenden Kohlen zu trippeln. Ich traue meinen Augen nicht. Die laufen tatsächlich einfach so, barfuß, durch die bis zu 450 Grad heiße Kohle! Und das nicht nur einmal! Sie laufen mehrmals die sechs Meter von einem Ende zum anderen! Micha bleibt sogar für fast 20 Sekunden auf ein und derselben Stelle stehen und hält eine Ikone in die Luft! Ich habe wirklich keine Erklärung für das, was ich hier sehe.

Plötzlich ist es vorbei, die Tänzer verlassen den Steinkreis und ein paar Besoffene versuchen ihr Glück und eilen mit ihren Getränken in den Händen über die Kohlen. Ich ziehe meine Schuhe aus und stelle mich an den Rand des Steinkreises. Ich habe kaum Zeit zum Nachdenken, die wild johlenden Trunkenbolde lassen mir keine Wahl, ich muss da jetzt durch. Ich habe mir bei den Tänzern abgeschaut, nicht zu schnell zu laufen, denn dabei liegt das gesamte Gewicht des Körpers auf nur einem Fuß. Und dann kann es zu wirklich schmerzhaften Verbrennungen kommen. Außerdem darf der Bodenkontakt nicht länger dauern als 0,5 Sekunden – aber wie soll ich das messen, während ich gerade voller

Panik über die Kohlen hüpfe? Unmöglich, ich laufe also einfach drauflos und bin plötzlich am anderen Ende angelangt.

Keine Schmerzen, kein Brennen, gar nichts – ich habe es geschafft! Also noch einmal zurück. Wieder trippele ich mitten durch das Feld und erreiche das andere Ende vor Aufregung zitternd – und wieder ist alles gut gegangen. Für die Kamera bewege ich mich noch vier, fünf Mal über die Glut und dann spüre ich doch etwas. Ich bin tatsächlich etwas zu leichtsinnig geworden und habe mich verbrannt. Es ist zwar nicht dramatisch, aber an der Sohle meines linken Fußes hat sich eine Brandblase gebildet. Ein paar Bulgaren liegen schon jammernd an der Seite des Steinkreises und halten sich die Füße.

Bei mir ist es zum Glück nicht so schlimm. Ich habe mich getraut, habe es geschafft und jetzt drücke ich die vom Team in weiser Voraussicht mitgebrachte Brandblasensalbe auf die Wunde. Diese Aktion lässt mich so viel Adrenalin ausschütten, dass ich erst jetzt den aufsteigenden und zunächst dumpfen Schmerz spüre. Micha hat sich inzwischen zu mir gesellt und schüttelt lächelnd den Kopf. Dann sagt er mir, ich solle diese Blase bloß nicht mit Wasser kühlen – ich soll sie einfach in Ruhe lassen. Ich staune sehr über diesen Tipp. Ist es nicht besser, eine Brandblase sofort zu kühlen? Ich halte mich aber an den Rat des Profis und versuche den Schmerz zu ignorieren.

Es klappt tatsächlich, nach ein oder zwei Stunden hat sich der Schmerz ein wenig gelegt und ich kann wieder auftreten. Das Abenteuer hat sich gelohnt, ich habe es mit nur leichten Blessuren überstanden und bin um eine Erfahrung reicher. Und einen Schnaps für den Abend haben wir uns auch verdient.

Belgien

Wettbewerb für Wahnsinnige

Vom Schwimmen im Eis

Morgens, halb neun, Sint-Pietersplas bei Brügge. Überall liegt Schnee. Franky erwartet uns schon. Wir sind spät dran und ich muss umgehend loslegen. Wir laufen uns direkt warm, dehnen uns ein bisschen und im Hintergrund funkelt der fast vollständig zugefrorene See, der Schauplatz unseres nächsten Abenteuers. Franky nimmt seit 1968 jedes Jahr an dem Schwimmwettbewerb in diesem Eiswassersee teil. Für mich soll es das erste Mal werden.

Nach dem Aufwärmprogramm gehen wir zum Ufer des Sees und überprüfen die Temperatur: 1,5 Grad! Und da soll ich wirklich hinein und schwimmen? Schon meine Hand zuckt unwillkürlich zurück, als ich sie ins Wasser halten will. Die ersten Teilnehmer ziehen sich aus und machen sich für den Wettbewerb fertig. Ein paar Wahnsinnige springen schon mal probeweise in den See und schwimmen ein bisschen zwischen den Eisschollen herum. Das tut schon beim Zuschauen weh!

Es gibt mehrere Disziplinen: 20 Meter, die Kurzstrecke für die Kleinen; 40 Meter für die Größeren; 60 Meter Freistil und 100 Meter Brustschwimmen. So langsam wird es ernst. Ich muss mich ausziehen, denn ich bin für das übernächste Rennen angemeldet. Bahn sechs, 60 Meter Freistil! Ich schäle mich aus meiner Kleidung und bewege mich wie ferngesteuert. Es ist furchtbar kalt, auch ohne Wasser. Ich gehe zu meinem Startblock und zittere dabei am ganzen Leib.

Mein Glück ist, dass ich kaum Zeit zum Überlegen habe. Kaum bin ich vor meinem Startblock, da ertönt auch schon der erste Pfiff – ich muss hinaufsteigen. Ich schaue noch mal kurz in Richtung Kamera, zucke mit

den Schultern und da ertönt auch schon der zweite Pfiff. Los! Ich springe – segle durch die Luft und tauche in das beißend kalte Seewasser ein.

Die Luft wird mir plötzlich aus dem Körper herausgepresst, die Haut fühlt sich wie von Millionen Stecknadeln durchbohrt an und das Herz schlägt mir bis zu den Schläfen. Was für eine Qual! Ich mache die ersten Schwimmzüge und hole piepsend Atem. Das Wasser tut einfach nur weh und ich stöhne nach jeder Armbewegung laut auf. Nach dem vierten oder fünften Zug höre ich plötzlich ein lautes Poltern und schaue erschrocken auf den vor mir liegenden Pier. Dort liegt mein Kollege mit einer zerbrochenen Kamera! Er hatte sich nach dem Start am Ufer entlang zum gegenüberliegenden Pier bewegt, um mich dort bei meiner Ankunft zu filmen. Doch dann ist er auf einer gefrorenen Stelle ausgerutscht und zusammen mit der Kamera gestürzt. Fast wäre er sogar im See gelandet. Ich verlasse sofort das Wasser, das Ende dieses Rennens kann die Kamera sowieso nicht mehr einfangen, schaue kurz, wie es ihm geht und haste dann in einen einigermaßen warmen Raum im nahe gelegenen Vereinsheim. Und was jetzt? Ich muss bestimmt noch einmal in diesen Teufelssee. Und jeder, der sich schon einmal überwunden hat, in so kaltes Wasser zu springen, weiß, dass es zumeist bei diesem einen Mal bleibt! Man springt, schreit, kämpft, verlässt das Wasser, duscht und geht zufrieden nach Hause.

Doch mir ist klar, dass ich mich für diese Geschichte noch einmal quälen muss. Der Kameramann ist am Boden zerstört, sauer, traurig und hat Schmerzen. Zu allem Überfluss hat er sich bei seinem Sturz auch noch heftig den Ellenbogen geprellt, das tut richtig weh. Was für ein Pech. Aber der arme Kerl beißt die Zähne zusammen und repariert notdürftig die Kamera, sodass wir zumindest diesen Dreh noch über die Bühne bekommen. Ich sitze in der Zwischenzeit in meinem kleinen Raum und versuche irgendwie meine Füße warm zu kriegen – ein harter Kampf. Wir alle sind geschockt. Meine Kollegen versuchen, noch einen anderen Startplatz für mich zu bekommen und haben am Ende Glück: Bahn sechs, Brustschwimmen, 100 Meter. Die letzte Chance – es hilft alles nichts, ich muss da jetzt durch. Ich raffe mich auf und schleppe mich aus dem Vereinsheim in Richtung See. Mir ist sofort wieder eiskalt. Aus dem Lautsprecher neben mir sind leicht verzerrt die Namen der nächsten Starter zu hören. Dann bin ich dran. Ich versuche, möglichst an gar nichts zu denken, ziehe mich aus, schleppe mich barfuß über den teilweise mit Eis überzogenen Steg zu meinem Startblock und warte.

Ein Pfiff, Franky zieht mir den Bademantel aus und feuert mich noch einmal an. Der zweite Pfiff ertönt und ich springe. Wieder diese Atemnot beim Eintauchen in das eiskalte Wasser, wieder diese Nadelstiche auf der Haut, wieder diese widerlich schneidende Kälte, die mich zu umarmen scheint. Ich habe die erste Bahn fast geschafft, da fühle ich mich allmählich ein wenig besser. Das Herz schlägt rasend schnell und durchspült meinen Körper mit warmem Blut. Die Poren der Haut verschließen sich und lassen keine Kälte mehr hindurch. Der schönste Moment während die-

ses Wettkampfes! Der hält aber nur eine Bahn lang an, bei der dritten verliere ich das Gefühl in den Fingern. Alles läuft jetzt vollautomatisch ab, die Schwimmzüge werden immer schneller, aber dafür auch sehr viel kürzer – meine Bewegungen bekommen etwas Hektisches. Franky und meine Kollegen feuern mich an. Ich habe die vierte Bahn, also 80 Meter, fast hinter mich gebracht, und spüre weder Hände noch Füße. Zwar kann ich erahnen, dass dort am Ende der Arme und Beine etwas ist, das zu mir gehört, doch es fühlt sich an, als wären es taube, unkontrolliert am Körper baumelnde Dinge. Das ist deutlich schlimmer, als wenn Körperteile einfach nur einschlafen. Ich kann nicht mehr denken – ich weiß nicht, wie viel Strecke ich schon hinter mir habe und wie viel mir noch fehlt. Ich weiß nur, dass ich es nicht mehr länger aushalten werde! Franky hält am Ufer einen Finger in die Luft und meint damit wohl, dass dies die letzte Bahn ist, die ich zu schaffen habe. Es ist zwar hart, aber jetzt weiß ich, dass ich es durchstehen kann.

Ich schaue kurz auf meine rechte Seite und sehe, dass ich nur ganz knapp hinter dem Führenden liege. Wie ist das möglich? Habe ich tatsächlich die Chance, dieses verrückte Rennen für mich zu entscheiden? Trotz der schmerzenden Taubheit, der Kälte und der Atemnot packt mich jetzt der Ehrgeiz. Ich will dieses Rennen jetzt nicht mehr nur durchstehen, ich will gewinnen. Die letzte Wende, ich gebe noch einmal richtig Gas. Die vorher eher verkümmerten, hektischen und kurzen Schwimmzüge weichen den kraftvollen Zügen vom Beginn, ich habe also tatsächlich noch Kraftreserven.

Nach 90 Metern sind ich und mein Konkurrent gleich auf und dann schiebe ich mich Stück für Stück vor ihn. Ich pralle mit meinen gefühllosen Händen gegen die Holzplatte. Zwei Minuten, drei Sekunden und neun Hundertstel. Erst jetzt kommt der Zweite ins Ziel! Ich habe es tatsächlich geschafft.

Meine Eishände ergreifen die Sprossen der Leiter, ohne sie zu fühlen. Ich ziehe mich aus dem See, zitternd und wie auf undefinierbaren, tauben Fleischklötzen stolzierend bahne ich mir den Weg zur Kamera und stottere mein Fazit in die Linse.

Irgendjemand hat mir Flipflops unter die Füße geschoben, auf denen ich dann in Richtung Vereinsheim torkle. Ich spüre gar nicht, dass mir auf dem Weg dorthin einer verloren geht. Es dauert noch eine ganze Weile, bis ich wieder etwas spüren kann. Die Zehen brauchen am längsten. Als das schmerzhafte Auftauen beendet ist, habe ich endlich Zeit, über das Erlebte nachzudenken. Ich bin wahnsinnig stolz, diese Herausforderung bestanden zu haben – und dann auch noch mit einem Sieg!

ASIEN

Alltag für Anfänger

Unterwegs in Kalkutta

Indien

Kalkutta ist der pure Wahnsinn. Laut amtlicher Statistik leben hier – die Vororte mit eingeschlossen – 15 Millionen Menschen, inoffizielle Schätzungen gehen jedoch von mehr als 30 Millionen aus. Und alle sind ununterbrochen unterwegs, so scheint es. Ein Wunder, dass der Verkehr nicht jeden Tag zusammenbricht: Auf den Straßen herrscht ein unglaubliches Chaos aus Bussen, die nur aus Rost bestehen, überladenen Kleinlastern, Mofas, Fahrrädern, Kühen – und Rikschas.

Und einen Rikschafahrer lerne ich heute kennen. Da zieht ein Hänfling von einem Inder dieses zweirädrige, kutschenartige Gefährt durch die Straßen von Kalkutta, und ich sitze wie ein König in der Sänfte obendrauf! Es ist sehr bequem, trotzdem ist mir die Situation unangenehm. Diese Rikscha-Fahrer kommen aus den ärmsten Gegenden Indiens nach Kalkutta, um Geld zu verdienen. Eine Fahrt kostet um die zehn bis zwölf Rupien. Das ist fast nichts.

Und dennoch darf man so nicht denken: Der Berufs-stand Rikscha-Fahrer ist in Gefahr, weil die Regierung die Rikschas verbieten lassen will, 22 000 Arbeitsplätze stehen somit auf dem Spiel. Noch mehr Menschen in Existenznot.

Die Rikschas werden hauptsächlich von Alten, Kran-

ken oder Schulkindern genutzt, um sicher von der Haustür an den Bestimmungsort – also zum Beispiel in die Schule – und wieder zurück zu kommen. Vor etwa 120 Jahren kam die Rikscha aus Japan nach Indien: Jinrikisha (jin = Mensch, riki = Kraft, sha = Wagen) bedeutet Menschenkraftwagen. Heute gibt es die handgezogenen Rikschas nur noch hier in Kalkutta.

Nach ungefähr 25 Minuten bitte ich meinen Fahrer anzuhalten und biete ihm höflich meinen Sitz an. Wie erwartet ernte ich damit ungläubiges Staunen. Nur mit großer Mühe kann ich meinen höchst skeptisch dreinblickenden Fahrer dazu bewegen, in seiner eigenen Rikscha Platz zu nehmen. Drei Stunden lang kutschiere ich ihn durch seine Stadt. Von diesem verrückten Deutschen, der ihn stundenlang und mit großer Begeisterung durch die Gassen Kalkuttas gezogen hat und dabei auch noch gefilmt wurde, wird er bestimmt noch seinen Enkeln erzählen.

Rikscha ziehen ist ganz schön anstrengend. Der unglaublich dichte Verkehr macht es schwer, durch die Straßen zu kommen. Ich muss höllisch aufpassen: Zum einen ist in Indien ja Linksverkehr, zum anderen weiß ich nie so genau, wer Vorfahrt hat. Ich mache sicherheitshalber immer so viel Lärm, dass mich alle vorlassen. Diese Rikscha-Fahrt ist ein einmaliges Erlebnis: Harro – der Rikscha-Fahrer von Kalkutta!

Am nächsten Tag wird es noch viel verrückter: Wir starten um 7.15 Uhr etwa 30 Kilometer vor Kalkutta. Der Bahnhof ist zunächst noch kaum besucht, aber noch sind es 45 Minuten bis zur ersten Abfahrt in die Innenstadt – nach »Sealdah«, dem Knotenpunkt aller Bahn-linien von den Außenbezirken in das Herz Kalkuttas.

Noch 35 Minuten bis zur Abfahrt: Jetzt ist der Bahnsteig wirklich voll! Innerhalb von zehn Minuten haben sich knapp 300 Menschen versammelt. Einfache Geschäftsleute, übervoll bepackte Händler, die zum Teil Waren von über 40 Kilogramm Gewicht auf ihren Köpfen balancieren, schreiende Kinder, laut schnat-ternde Marktfrauen mit ihren Lasten, Krüppel, Bettler und einfaches Fußvolk. Über allem liegt der für Indien typische, mit herbem Schweiß durchtränkte Curry-Ge-ruch wie eine Dunstglocke, der man nirgendwo ent-kommen kann.

Irgendwann ist es so eng, dass wir an den Rand der Bahnsteigkante gedrückt werden. Dort erwarten uns Lautsprecherdurchsagen, die so brüllend laut sind, dass wir uns die Ohren zuhalten müssen. Das ist praktisch, denn so müssen wir auch die Händler nicht hören, die uns ebenfalls laut schreiend ihre Waren verkaufen wollen. Die Palette des Angebots reicht von Bananen, Mangos, Ananas und anderen Früchten über Taschen-tücher, Ketten, Süßes und Salziges zum Knabbern bis zu Tabak und Glückslosen.

Noch eine knappe Viertelstunde. Ich habe nicht gedacht, dass es noch voller werden kann. Doch es strömen immer mehr Menschen an das Gleis Nr. 2 Richtung Sealdah, Kalkutta, und füllen die nicht vor-handenen Lücken zwischen den Wartenden aus, bis wir eine Masse sind, deren einzelne Glieder nicht mehr zu erkennen sind.

Jetzt ist es so weit, eine dröhnende Durchsage verkündet wohl die baldige Ankunft des lang erwarteten Zuges, denn die Masse gerät in Aufruhr und die Vorbereitungen auf den Einstieg laufen auf Hochtouren. Bevor man den Zug zu sehen bekommt, ertönt ein tiefes Tuten; dann fährt er ein!

Da sollen noch Menschen reinpassen?! Aus den Fenstern quellen Köpfe, an den Türen hängen verschwitzte Leiber. Aber keine Frage, das ist der Zug nach Sealdah!

Der Zug kommt zum Halt, schon Sekunden vorher springen die ersten Menschen auf den spärlichen Platz am Bahnsteig. Ein Mann fällt, rappelt sich sofort wieder auf und rennt der Einstiegsluke hinterher, aus der er gefallen ist, oder besser gesagt herausgedrückt wurde. Zum Glück ist ihm das hier passiert, denn solche Unfälle geschehen häufig genug während der Fahrt – doch dann enden sie meist nicht nur mit ein paar Prellungen oder Hautabschürfungen.

Jetzt sind noch 30 Sekunden Zeit – das ist die durchschnittliche Verweildauer eines Zuges an einem Bahnsteig. Eine Wand aus Menschen prallt auf eine andere. Gequälte Gesichter und wild um sich schlagende Ellenbogen bahnen sich den Weg aus dem Inneren des Zuges ans Tageslicht! Aber nur wenige Reisende steigen hier aus, denn die meisten wollen in die Stadt. Etwa 30 Passagiere verlassen die vollen Waggons, dem gegenüber stehen knapp 400 neue Fahrgäste. Mitten unter ihnen bin ich; mit der Masse werde ich auf die Waggontüren zugespült.

Ich sage gespült, da es ein rein passiver Vorgang ist. Ab sofort halte ich Schweben für keinen erstrebenswerten Zustand mehr. Kurz vor der Tür beginnt der

Kampf. Jetzt ist jeder für sich und sein Ziel verantwortlich: den Zug irgendwie zu besteigen. Ich schwimme durch die Leiber und hangele mich unter Einsatz all meiner Kräfte in den Wagen hinein. Jetzt bin ich wirklich dankbar für meine Körpergröße – mit einem Meter einundachtzig bin ich knapp einen Kopf größer als der Durchschnitts-Inder. Das hat in dieser Situation seine nicht zu unterschätzenden Vorteile: Ich muss nicht unter ihren Achseln kleben, sondern sie unter meinen.

Der Schweiß läuft in Sturzbächen herunter, hier im Wageninneren herrschen gefühlte 40 Grad Celsius mit 80 Prozent Luftfeuchtigkeit. Es sind so viele Körper in diesem Abteil, dass man die Arme nicht einmal mehr zu den eigenen Taschen führen kann. Zum Glück habe ich alle meine Wertsachen gut versteckt. Hände grapschen an mir herum, ziehen an meinen Haaren, fremder Schweiß tränkt meine Klamotten und vermischt sich mit meinem, eine feuchte Kondenswasserschicht bedeckt fast alles.

Irgendwie erinnert es mich an Karneval, 17 Uhr, Donnerstag, Weiberfastnacht, in einer vollgestopften Kneipe am Zülpicher Platz in Köln: »Echte Fründe ston zesamme …!« Nur die Stimmung ist eine andere. Diese Menschen wollen zur Arbeit – ihre Lebensversicherung. Der Zug hat sich inzwischen wieder in Bewegung gesetzt. Das habe ich jedoch kaum mitbekommen. Es ist stickig, verdammt stickig, und es stinkt zum Himmel. Kein Luftzug, nur eine dicke Suppe, in der wir vor uns hin schmoren. Ich muss zum Ausgang!

Auch jetzt macht sich meine Größe bezahlt. Ich rudere mit meinen Armen Richtung Waggontür und schiebe mit meinen Ellenbogen die Köpfe der anderen Fahrgäste einfach beiseite. Das ist nicht gerade die feine englische Art, aber ich komme durch: Jetzt hänge ich draußen, nur meine Füße und meine Hände haben noch Kontakt mit dem Waggon. Oberleitungspfeiler und Schilder sausen gefährlich nah an mir vorbei. Wenn man jetzt fällt oder rausgedrückt wird, ist es vorbei. Ich frage mich, ob ich nicht doch mal eine Lebensversicherung abschließen sollte. Aber immerhin gibt es hier Luft! Fairerweise muss man außerdem anmerken, dass die Inder ein wenig sanfter mit einem Europäer umgehen als mit ihresgleichen.

Dann ist es endlich geschafft, die Masse spült mich auf den Bahnsteig von Sealdah. Ich bin völlig erschöpft und freue mich auf mein Hotel. Für die Inder aber fängt der Tag damit erst an.

Indien

Essen auf Rädern

Ein Tag als Dabbawallah in Mumbai

Im Mumbai gibt es einen Lieferservice, den es nirgendwo anders auf der Welt gibt. Jeder kann sich sein Essen von zu Hause zur Arbeit liefern lassen. Dafür ist ein ganz besonders ausgeklügeltes System vonnöten. Die Logistik, die dahintersteckt, ist wirklich beeindruckend. 200 000 Essen werden auf diese Art pro Tag befördert und nur alle 16 000 000 Mal kommt dabei ein Fehler bei der Zustellung vor! Deswegen zeichnete das »Forbes Global Magazine« die Lieferanten, die Dabbawallahs, 1998 mit einem Six Sigma Rating aus. Dieses erhalten nur Unternehmen, die ihr Leistungsversprechen zu 99,999999 Prozent einlösen.

Zunächst besuchen wir eine mikroskopisch kleine Wohnung, in der eine Inderin gerade das Mahl für ihren Mann bereitet. Die knapp fünf Quadratmeter dienen als Wohnraum für fünf Personen. Es riecht hier herrlich nach Curry, und es dauert nicht lange, dann ist das Gericht fertig. Zwei Portionen bereitet sie zu, eine für ihren Mann und eine für mich. Sie packt die Mahlzeiten in die verschiedenen Schüsseln der Dabbawallahs, die sogenannten Dabbas, die wie ein Stecksystem zusammengefügt werden, und reicht sie mir.

Diese Dabbas erinnern mich etwas an das Bundeswehrbesteck und Geschirr. Ich habe zwar niemals gedient, doch für meine Ausflüge auf Campingplätze und an Baggerseen habe ich mich früher auf Flohmärkten und in Bundeswehr-Shops ordentlich mit solchen Utensilien eingedeckt.

Vor der Tür treffe ich meinen Dabbawallah, Hrishikesh, was so viel heißt wie »der, der den Zorn beherrscht«. Wir steigen auf zwei bereitstehende Fahrräder, hängen die Dabbas an die Lenker und fahren los. Wir müssen jetzt in einen bestimmten Bezirk Mumbais, für den Hrishikesh zuständig ist, und dort alle Dabbas einsammeln, damit sie ausgeliefert werden können. Die Schwierigkeit dabei ist vor allem, durch den chaotischen indischen Linksverkehr zu kommen. Wir fahren mit unseren Drahteseln über Schnellstraßen, Überführungen, Unterführungen, rot blinkende Ampelkreuzungen und völlig verstopfte kleine Gassen – und das alles direkt nebeneinander! Der Grund ist das ramponierte Fahrrad von Hrishikesh, ich muss ihn die ganze Zeit schieben und ziehen, da seine Kette nicht funktioniert. Für ihn keine besondere Situation. Er bittet mich einfach: »Give me a lift!«

Lachend und schwitzend sammle ich die Dabbas in den unterschiedlichsten Haushalten ein und befestige sie an den beiden Rädern. Der Kameramann folgt uns auf einem Motorrad. Nachdem wir alle Dabbas eingesammelt haben, fahren wir zum Bahnhof. Bis zu 80 Kilometer müssen die Dabbawallahs zum Teil am Tag zurücklegen und das zu Fuß, auf dem Rad und natürlich mit dem Zug!

Am Bahnsteig treffen wir auf die anderen Dabbawallahs dieser Region. In ganz Mumbai sind es insgesamt über 5000. Hier sind es bestimmt 20, mit den für die Dabbawallahs typischen weißen Schiffchenmützen auf den Köpfen. Sie wuseln herum und ordnen die verschiedenen Dabbas zu großen Bündeln. Jede Dabba hat eine Beschriftung, aber nicht, wie ich dachte, eine Adresse, sondern einen Code aus Zahlen und Buchstaben, den nur ein echter Dabbawallah versteht. Wie Hütchenspieler stapeln sie die Dabbas in einem unglaublichen Tempo auf kleine oder auch größere Häufchen, um sie dann hektisch in den nur kurz haltenden Zug zu wuchten.

Ich packe natürlich mit an und quetsche mich anschließend mit in das mit Dabbas und Dabbawallahs vollgestopfte Abteil. Zum Glück bläst uns der Fahrtwind durch die offen stehenden Türen ins Gesicht, denn die Hitze nimmt immer weiter zu und ich bin jetzt schon klatschnass.

Gute 40 Minuten lang fahren wir in Richtung Zentrum. Je näher wir der Innenstadt kommen, desto mehr Dabbawallahs verlassen das Abteil, um das Essen in ihrem jeweiligen Bezirk auszutragen. Als wir unseren Zielbahnhof erreichen, müssen wir mit der gebotenen Schnelligkeit den Zug verlassen und das am besten ohne irgendwelche Dabbas zu vergessen. Das bedeutet Hektik!

Der Bruder von Hrishikesh hat mir in der Zwischenzeit seine weiße Schiffchenmütze gegeben. Jetzt sehe
ich wie ein richtiger Dabbawallah aus. Auf dem Bahnsteig wird erneut sortiert und dann werden die Dabbas in zwei Meter lange und 40 Zentimeter breite Ge-
stelle gepackt und auf dem Kopf abtransportiert. Ich
versuche es natürlich auch, doch diese über 50 Kilo
schweren Tabletts sind einfach zu schwer für mich, ich
schaffe es keine zehn Meter weit mit dem Gestell auf
meinem Kopf. Aber immerhin, ich gehe ungefähr fünf
Meter damit am Bahnsteig entlang und ernte stürmi-
schen Applaus von den lachenden Dabbawallahs.

Dann nehmen sie mir diese Bürde ab und fahren mit
ihrer Arbeit fort. Die letzte Sortieraktion folgt, danach

werden wieder Fahrräder herbeigeschafft und das Ausliefern kann beginnen. Diesmal haben wir zwei funktionierende Räder zur Verfügung. Hrishikesh fährt voraus und begleitet mich, da es Fremden nicht erlaubt ist, allein mit dem Essen in die Häuser einzutreten.

Gegen ein Uhr haben wir alle Mahlzeiten ausgeliefert und können nun endlich auch eine Mittagspause einlegen. Das Essen, das ich von der Inderin ganz zu Beginn mitbekommen habe, schmeckt vorzüglich und ist sogar noch warm. Jetzt müssen wir nur noch die leeren Dabbas wieder einsammeln und dann zu Fuß, mit dem Fahrrad und via Zug zurück nach Hause bringen.

Am Ende fehlt noch das Fazit für die Kamera. Das fällt mir aber wirklich nicht schwer zu ziehen, denn das, was die Dabbawallahs in Mumbai machen, ist wirklich einer der härtesten Jobs der Welt!

Todesfisch in Tokio

Reifeprüfungen

Japan

Nach elf Stunden Flug erreichen wir Tokio. Japan ist sieben Stunden vor der deutschen Zeit, eine gewaltige Umstellung, und ich bin zum ersten Mal hier. Ich fühle mich erschlagen, habe Kopfschmerzen und versuche, den Tag mit zwei Aspirin und einem ausgedehnten Schläfchen zu retten. Aber vielleicht ist es gar nicht die Zeitumstellung, sondern die Aufregung, die mich niederstreckt. Immerhin warten auf diesem Asientrip jede Menge Abenteuer auf mich – und vor allem viel, viel Fisch, den ich leider überhaupt nicht mag.

Fünf Stunden Autofahrt bis zu unserem Minshuku in Hotaka. Ein Minshuku ist eine kleine Pension im typisch japanischen Stil. Verschiebbare Raumteiler und viel Holz, wie in den asiatischen Kampffilmen mit Bruce Lee. Man schläft nicht in Betten, sondern auf Futons, die auf den mit Bastmatten ausgelegten Boden geworfen werden.

Es ist leider so bewölkt, dass man den Fuji, den

höchsten Berg Japans, nicht erkennen kann. Zum Abendessen gibt es dann natürlich Fisch. So ein Mist, ich dachte, ich hätte eine kleine Chance, vor dem typisch japanischen Frühstück – das ja fast vollständig aus Fisch besteht – etwas anderes zu bekommen. Aber nein, Fisch gibt es hier einfach zu jeder Mahlzeit. Dann muss mich wohl mein letzter Müsliriegel retten.

Um halb acht am nächsten Morgen gibt es dann das fischige Frühstück. Für die Kamera bleibt mir nichts anderes übrig, als zu lächeln. Was würde ich jetzt für ein ordentliches Marmeladenbrot geben.

Mittags geht es dann weiter zu einer Wasabi-Farm nahe Nagano. Wasabi wird auch Japanischer Meerrettich genannt und ist ein wichtiges Gewürz für die asiatische Küche und sehr scharf. Frisch geerntet wird die Wasabiwurzel über Haifischhaut gerieben, sodass sich die Schärfe richtig entfalten kann, da diese in den einzelnen Zellen steckt – je feiner gerieben, desto schärfer ist Wasabi. Direkt nach dem Verzehr sorgt die Wurzel für ein stechendes Gefühl in der Nase und kurzfristigen Tränenfluss. Aber genauso schnell, wie sie gekommen ist, verschwindet diese Schärfe auch wieder. Im Vergleich zu der typischen Chilischärfe ist es im ersten Moment stechender und heftiger, aber hinten raus ist es nicht so quälend.

Pünktlich um halb sieben am nächsten Morgen klingelt mein Wecker wieder. Auf zur Metro, mitten hinein in die Rushhour der Berufstätigen. In Tokio dauert sie von sieben bis neun Uhr an. Die Redaktion hat sich überlegt, dass ich mir zwei Hühnereier in die Hemdtaschen stecken und versuchen soll, sie zwischen all den gestressten und drängelnden Menschen heil ans Ziel zu bringen. Das ist gar nicht so leicht, denn die Metro ist wirklich randvoll mit Pendlern. Wenn man glaubt, es passt niemand mehr hinein, kommen bestimmt noch 20 bis 30 Leute hinterher. Wahnsinn! Und wenn wirklich gar nichts mehr hilft, dann schieben und drücken die in Uniform steckenden und mit weißen Handschuhen bewaffneten Metroangestellten die draußen hängenden Leute noch in die Bahn hinein.

Als ich schließlich aussteigen muss, geht tatsächlich ein Ei kaputt. Ich bin etwas zerknirscht, denn es könnte auch an mir gelegen haben – vielleicht habe ich in deutscher Manier zu viel beim Rausgehen gedrängelt. Vielleicht wäre das den sich erheblich eleganter bewegenden Japanern nicht passiert? Entscheidend ist aber: Wie kriege ich das zermatschte Ei wieder aus der Tasche?

Um halb eins wartet schon der nächste Dreh auf uns. Wir haben heute ein straffes Programm mit wenig Zeit zum Durchatmen. Jetzt soll es Fugu geben, also schon wieder Fisch! Dieser Kugelfisch kann extrem giftig sein, und extrem heißt in diesem Fall: absolut tödlich! Das Geheimnis des Fugu-Verzehrs liegt deshalb in der Zubereitung. Für diese gibt es spezielle Fugu-Meister, und nur sie haben die Erlaubnis, diesen Fisch zu servieren. Um die Lizenz zur Fugu-Zubereitung zu erlangen, muss ein Koch zwei Jahre in einem Fugu-Restaurant arbeiten und anschließend eine Prüfung bestehen. In Deutschland ist die Fugu-Zubereitung verboten.

Puh, Fisch und Gift, keine so tolle Kombination für

mich. Aber unser Fugu-Meister erklärt mir, dass momentan keine Fugu-Saison sei. Und da nur die wilden Kugelfische giftig sind, da das Gift durch die Nahrungsaufnahme entsteht und außerhalb der Saison nur mit gezüchteten Kugelfischen gearbeitet wird, die mit einer speziellen Diät ernährt werden, kann ich zumindest erst einmal durchatmen.

Jetzt soll ich einen lebenden Fugu aus dem Aquarium holen, der vom Fugu-Meister anschließend mit einem extrem scharfen Messer erdolcht wird. Nun soll ich den Fisch unter seiner Anleitung zerlegen. Dabei zuckt der noch die ganze Zeit fürchterlich.

Am Ende wird dann sowohl roher (hauchdünne Fugu-Filetscheiben, kurz in Sojasauce getaucht) als auch frisch gegrillter Fisch gegessen. Für mich ist es eine große Überwindung und das überraschenderweise nicht wegen des Geschmacks: Obwohl die Filets wirklich kaum nach Fisch schmecken, kriege ich kaum etwas runter, schließlich habe ich dieses putzige Tier doch gerade erst aus dem Aquarium geangelt!

Am nächsten Tag geht es kulinarisch weiter und endlich einmal mit etwas für meinen Geschmack: Koberind! Dieses Luxusrind wird angeblich sein ganzes kurzes Leben lang mit einem besonderen Kraftfutter auf Basis von Getreide, Rüben und Kartoffeln gemästet und täglich zwei Stunden lang massiert und anschließend mit japanischem Reiswein eingesprüht! Es wird also schon lebend dauergewürzt und dementsprechend kostet ein Kilo von diesem Edelfleisch 200 bis 300 Euro.

Dieser Ausflug wird dann aber leider eine echte Enttäuschung. Das Fleisch ist zwar unglaublich zart und wird in zwei Millimeter dünne Scheiben geschnitten und dann nur ganz kurz, etwa fünf Sekunden lang, in einer besonderen Brühe gekocht. Es zergeht mir anschließend sofort auf der Zunge. Im rohen Zustand erkennt man den Unterschied zu normalem Rindfleisch an der Fettmaserung. Dieses Fett zerschmilzt sofort in der Hand, wenn man es anfasst. Merkwürdig – aber sehr lecker.

Doch die Haltung ist nicht annähernd so abenteuerlich, wie wir dachten. Es gibt keine Massagen, keine Reisweindusche, keine Musik zum Entspannen und keinen Freilauf! Aber egal: Ich habe eine fischfreie Mahlzeit genossen und kann mich wirklich nicht beschweren.

Am nächsten Tag soll ich am Kanda-Schrein einem japanischen Ritual beiwohnen, bei dem heranwachsende Jungen ihre Männlichkeit unter Beweis stellen, indem sie sich mit eiskaltem Wasser übergießen. Aber auch ältere Semester nehmen an dieser Zeremonie teil.

Als wir den Tempel erreichen, arbeitet dort schon ein japanisches TV-Team. Sie machen gerade einen Live-Vorbericht vom Seijin Shiki. Abgesehen von ein paar Protagonisten und Priestern für die Fernsehshow ist die Tempelanlage fast leer. In einer Ecke des Tempelplatzes steht ein etwa vier mal vier Meter breites Becken, in dem ein riesiger Eisblock liegt. Dieser wird ganz langsam mit fließendem kalten Wasser aus einem Schlauch zum Schmelzen gebracht … Das leise Plätschern ist nun gut zu hören. Die Vorbereitungen laufen. In drei Stunden soll diese außergewöhnliche Zeremonie beginnen und mir ist schon ganz flau im Magen.

Es ist Anfang Januar und verdammt kalt, obwohl heute sogar die Sonne scheint. Zunächst muss ich zur Anmeldung, wo an der Wand ein nicht zu übersehender Defibrillator hängt. Nicht sehr beruhigend. Der Priester überreicht mir ein weißes, mit ein paar Schriftzeichen und der roten japanischen Sonne verziertes Kopftuch, ein paar mit japanischen Kalligrafien beschriebene Blätter und ein Formular für den Arzt. Dieses Formular bestimmt über die Teilnahme oder den Ausschluss an der Zeremonie. Man wird hier tatsächlich auf Herz und Nieren geprüft, Blutdruck und Puls werden gemessen, EKG und Stethoskop kommen zum Einsatz, bis ein Stempel auf dem Formular die Teilnahme besiegelt. Ich bin zum Glück tauglich.

Jetzt geht es in die Umkleidekabine. Dort warten schon 29 andere Teilnehmer und ein Priester auf mich. Wir müssen nun die für diese Zeremonie übliche Kluft anlegen. Die besteht lediglich aus einer weißen, kurzen Hose und dem »Harakiri«-Stirnband. Mit der Hose habe ich allerdings so meine Probleme, bis mir schließlich drei Teilnehmer zu Hilfe kommen und mir die dafür erforderliche Wickelkunst zeigen.

Nun beginnt der Priester mit seiner Vorbereitungsrede – natürlich auf Japanisch. Ich verstehe zwar kein Wort, aber dafür verbeuge ich mich, wann immer es angebracht scheint – das ist sehr häufig der Fall – und sage gefühlte 100 Mal »Hai«! Außerdem proben wir bestimmte Bewegungsabläufe, wie das Rudern eines imaginären Bootes, das Verbeugen vor dem heiligen Schrein, das Beten und noch vieles mehr.

Schon hier in der Umkleidekabine ist es ziemlich kalt. Außer der kurzen Hose und dem Stirnband haben wir ja alle nichts an. Nachdem wir nun mehr oder weniger über den Ablauf unterrichtet wurden, ist die Zeit für die eigentliche Zeremonie endlich gekommen. Wir verlassen die Umkleidekabine und treten ins Freie.

Mich trifft fast der Schlag: Hunderte von Schaulustigen haben sich in der Zwischenzeit auf dem Tempelgelände eingefunden und warten auf uns. Zunächst stellen wir uns in Fünferreihen vor dem heiligen Schrein auf und beten. Da mein Japanisch in den letzten Stunden nicht unbedingt besser geworden ist, brummel ich lediglich vor mich hin und bewege die Lippen dazu. Es wird immer kälter und allen Beteiligten fällt es sichtlich schwer, nicht zu zittern. Und genau das wird von uns verlangt. Die Kälte kriecht in die bloßen Füße und lässt diese zunächst einmal gefühllos werden, doch nach und nach beginnen sie wahnsinnig zu schmerzen. Am Ende des Gebets verbeugen wir uns zwei Mal vor dem Schrein, klatschen zwei Mal in die Hände, um die Aufmerksamkeit der Götter zu gewinnen, und verbeugen uns danach noch einmal. Jetzt müssen wir eine Runde um die Tempelanlage laufen.

Dabei tun die Füße besonders weh, es fühlt sich an, als würde ich auf meinem eigenen rohen Fleisch laufen. Eine Mischung aus absoluter Gefühllosigkeit und stumpfem, undefinierbarem Schmerz. Im Rhythmus der Laufschritte rufen wir alle aus voller Brust: »Hey, hey, hey, hey, hey, hey…«

Erst vor dem Eiswasserbecken kommen wir wieder zum Stehen. Jetzt folgen noch einige der einstudierten Bewegungsabläufe, in tänzerischer Form vorgetragen. Dann ist es so weit! Die erste Fünfergruppe steigt in das Becken. Laut schreiend schaufeln sie sich mit Holzschüsseln das Wasser über den Körper. Zwei Minuten lang, ohne Unterbrechung! Darauf folgt ein kurzer, aber lauter Schrei des Priesters und die nächste Gruppe ist dran. Wir sind die vierte Gruppe und stürmen auf unser Kommando hin sofort los, als würde es Freibier geben. Jetzt gilt es, möglichst wenig nachzudenken und sofort anzufangen.

An den Beinen fühle ich inzwischen kaum noch etwas, doch als die erste Ladung Eiswasser aus der Holzschüssel auf mich herabprasselt, kann ich einen lauten Aufschrei nicht unterdrücken! Wie in Trance kippe ich mir Schüssel um Schüssel über die Schultern, den Rücken und den Kopf. Immer gefolgt von einem gellenden Schrei, der von Mal zu Mal krächzender und heiserer wird. Meine Haut brennt wie Feuer! Endlich kommt der erlösende Schrei des Priesters und die nächste Gruppe ist dran. Zitternd reiche ich die Holzschale weiter und zwänge mich an den fotografierenden Zuschauern und Journalisten vorbei auf meinen Platz.

Während ich gegen die Kälte ankämpfe, kämpfen meine Kollegen in dem Pulk aus Menschenleibern um die besten Plätze. Die als so freundlich und schüchtern bekannten Japaner bekommen an diesem Tag ein ganz anderes Gesicht. Den Sieg tragen diejenigen unter den Journalisten davon, die besonders bedingungslos und erbittert kämpfen. Sie stoßen und schubsen sich, zerren aneinander, nur um die Plätze mit der besten Aussicht zu erhaschen. Es ist der reine Wahnsinn.

Wenig später steht mein Team unmittelbar neben mir. Ich sage ein paar Worte in die Kamera, bevor es zum zweiten Mal in das Becken geht. Wieder kippe ich mir das Wasser über den Körper und wieder schreie ich so laut ich kann, um den Schmerz etwas zu lindern. Es fällt mir jetzt ungleich schwerer, die Schüsseln über mir zu entleeren, aber ich tue es – bis der Schrei des Priesters ertönt.

Mein ganzes Gesicht ist inzwischen taub. Es fühlt

sich an, als würde ich eine Maske tragen – irgendwie scheint diese Gesichtshaut nicht zu mir zu gehören. Auch der Rest meines Körpers schmerzt jetzt. Ich bin mir nicht sicher, was die jungen Japaner gerade über die Verantwortung eines Erwachsenen gelernt haben, ich zumindest weiß die Warmwasserleitung meiner Dusche nun sehr zu schätzen.

Kampf gegen die Kilos

Ein Sumo-Ringkampf

Japan

Ein richtiges Highlight wartet auf mich: Ich soll Sumoringen lernen. Wir besuchen dafür eine Sumo-Schule mitten in Tokio.

Sumoringer sind in Asien richtige Helden. Sie werden wie Popstars behandelt und angebetet. Ihre gesellschaftliche Stellung ist also sehr hoch. Zum Teil bringen Eltern ihre Kinder sogar zu den Sumoringern, um sie von ihnen anfassen und in die Luft werfen zu lassen: Das soll dann Glück, Gesundheit und Segen bringen.

Um bei den Sumoschulen aufgenommen zu werden, muss man mindestens 75 Kilogramm wiegen und zwischen 15 und 22 Jahren alt sein. Zumindest eine der Voraussetzungen kann ich also erfüllen.

Wir drehen die Geschichte nichtchronologisch. Eigentlich soll ich mit dem Essen beginnen und dann in die Sumohalle gehen, um zu trainieren. Getreu dem Motto: das Spannendste zum Schluss. In Wirklichkeit geht es aber zuerst zum Training.

Der Hallenboden besteht aus hartem, festgestampftem Lehm. Auf diesem Lehmboden sind zwei Kreise mit einem Durchmesser von 4,55 Metern mithilfe eines dicken Strohseils abgegrenzt. Jetzt kommt Araja ins Spiel: Er ist einer der Ausbilder beziehungsweise Lehrer und wiegt 148 kg – also fast das Doppelte von mir. Seine Aufgabe am heutigen Tag besteht darin, mich in die Geheimnisse des Sumoringens einzuweihen. So gut dies an einem halben Tag möglich ist.

Beeindruckend ist vor allem die straffe Hierarchie in diesem Sumosystem. Die Ausbilder werden wie Heilige verehrt und behandelt. Man bringt ihnen die Handtücher, das Essen, die Gürtel … einfach alles wird ihnen nachgetragen. Zum Glück kümmert sich eines dieser hohen Tiere um mich, dadurch werde auch ich zwangsläufig von den anderen »verehrt« – zumindest ein bisschen.

Zunächst wird mir der traditionelle Sumogürtel, der Mawashi, angelegt. Das ist ein etwa 6,5 Meter langer und 40 cm breiter Stoff aus grobem Leinen, der mit einer bestimmten Technik viermal um die Hüfte gewunden wird. Darunter trägt man blank, also gar nichts. Ich komme mir also richtig nackt vor. Zudem sehe ich zwischen all den anderen Ringern wie ein Hungerhaken aus.

Das Training beginnt: Zuerst muss ich zusammen mit all den anderen die Beine so weit wie möglich spreizen und ganz tief in die Hocke gehen. Die typische Ausgangsstellung. Jetzt wird zuerst das eine Bein fast ausgestreckt zur Seite hochgeführt, kurz in der Luft gehalten – dann wird mit der flachen Hand auf den Oberschenkel geschlagen, sodass es richtig klatscht und knallt, anschließend wird das Bein wieder auf den Boden herabgesenkt – und das Ganze 200 Mal. Man glaubt nicht, wie anstrengend das ist: 200 Mal!

Danach gibt es noch ein paar Lockerungsübungen für den Rumpf und die Arme. Ich schwitze trotz meiner Nacktheit wie ein Schwein. Araja erklärt mir das Ziel des Kampfes. »Der Gegner muss aus diesem mit dem Strohseil abgesteckten Kreis gedrängt oder so aus dem Gleichgewicht gebracht werden, dass er den Boden mit einem anderen Körperteil als den Fußsohlen berührt. Dafür gibt es verschiedene Techniken, um genau zu sein: knapp 100. Aber das wäre nun wirklich zu viel für dich und die kurze Zeit, die du bei uns bist. Ich zeige dir also einfach mal die wichtigste.«

Wir üben die Ausgangsstellung des Sumoringens. Die Beine weit gespreizt, den Körperschwerpunkt so tief wie möglich dazwischen und beide Fäuste auf dem Boden – irgendwie eine Haltung wie auf einem Plumpsklo, nur die Beine sind weiter gespreizt. Jetzt zeigt Araja mir die erste Angriffstechnik: beide Arme eng am Körper zum Gürtel des Gegners bringen und sich dort festkrallen. Na ja, so weit eigentlich nicht besonders kompliziert, denke ich. Und werde sofort eines Besseren belehrt: Ich habe richtige Schwierigkeiten, den massigen Körper von Araja zu umfassen. Und als ich dann endlich seinen Mawashi zu fassen bekomme, ist schon das nächste Problem da: Ich kann ihn keinen müden Zentimeter bewegen!

Es ist, als ob ich an einem Felsen herumzerren würde. Lachend schiebt er mich von sich weg und sagt:

»Gewicht alleine ist zwar nicht entscheidend, doch es ist ein Vorteil. Wer allerdings ein richtiger Sumoringer werden möchte, muss zwingend Gewicht und Technik perfekt beherrschen!«

Daraufhin zeigt er mir eine Technik, die für weniger schwere Kämpfer gedacht ist. Dabei sollte ich so eine Art »Zidane« machen. Nach der Ausgangsstellung heißt es für mich also mit dem Kopf durch die Wand beziehungsweise frontal gegen den mir gegenüberstehenden Fleischberg.

Ich mache es so, wie er erklärt hat, und bohre ihm mit voller Wucht meinen Schädel in seinen massigen Bauch. Ich höre ein leichtes Knacken und habe das Gefühl, dass ich mir einen Halswirbel verrenkt habe. Aber zum Glück scheint es nicht so schlimm zu sein. Wieder ernte ich ein kehliges, aber freundliches Lachen. Er erklärt mir, dass ich nicht mit dem Kopf alleine in den Gegner rennen darf, denn dabei kann es zu bösen Verletzungen der Halswirbelsäule kommen. Immer mit dem Kopf und beiden Händen gleichzeitig gegen den Gegner prallen. O. k., auch das habe ich nun verinnerlicht.

Was nun folgt, sind noch ein paar Kraftübungen, bei denen ich alles andere als eine gute Figur mache. Ich soll meinen Gegner über den mit Sand bestreuten Hallenboden schieben: aus der tiefen Ausgangsstellung mit voller Wucht gegen seine Brust stoßen und diesen Schwung dazu nutzen, ihn zu schieben.

Na super! Wieder knalle ich mit voller Wucht gegen ihn und versuche, ihn irgendwie zu schieben. Das Ergebnis ist kümmerlich, ich schaffe es zwei oder drei

Meter weit, das ist nichts! Jetzt zeigt Araja mir, wie es geht, und ich komme mir vor, als ob ich mich einem Zug bei voller Fahrt entgegenstellen würde: Er prallt gegen mich, und nach wenigen Sekunden zeugen nur noch zwei Schleifspuren davon, dass ich kurz zuvor noch zehn Meter weiter hinten an der anderen Wand gestanden habe. Wahnsinn! Nach ein paar weiteren Übungen schaffe ich es immerhin, ihn fünf bis sechs Meter weit zu schieben. Besser als nichts.

Dann ist die Zeit gekommen: Ich soll einen Kampf bestreiten. Araja stellt mir meinen Gegner vor. An den Namen kann ich mich leider nicht mehr erinnern, aber der Mann sieht verdammt Furcht einflößend aus. Der ist so dick, dass ihm seine Masse fast die Augen zu-

drückt. Ein speckiger Bullennacken, riesige Brüste und ein weit nach vorne herausragender Bauch. Und gegen den soll ich antreten? Na prima.

Das sind gut und gerne 200 Kilogramm gegen meine maximal 75. Ein kurzes Lächeln umspielt das runde Antlitz des Ungetüms, dann geht es los. Araja gibt den Ringrichter. Auf sein Zeichen begeben wir uns in die Ausgangsposition. Beine breit, tiefer Schwerpunkt und beide Fäuste auf den mit Sand bestreuten, steinharten Lehmboden.

Da ist das Startsignal. Ich stürme los und pralle fast von dieser unglaublichen Masse Fleisch ab. Mit großer Not kralle ich mich am Mawashi dieses Monstrums fest und versuche ihn irgendwie zu schieben. Als das nichts bringt, zerre ich an ihm – und dann ist es auch schon vorbei. Mit einem kurzen, aber effektiven Schwung knallt er mich auf den Boden – es sind gerade mal ein paar Sekunden vorbei.

Ich will noch einmal kämpfen! Wieder pralle ich gegen den Fleischturm und probiere jetzt eine andere Taktik aus: Ich will mich erst einmal nur halten. Bloß nicht fallen!

Doch auch das hilft mir gar nichts. So breit ich mich auch hinstelle, so sehr ich mich auch bemühe, auf den Beinen zu bleiben, ich habe nicht den Hauch einer Chance. Zwar halte ich dieses Mal länger durch, doch genau das macht den Fleischklops nur noch ungeduldiger: Mit einer schnellen Bewegung, die man einem solchen Koloss kaum zugetraut hätte, knallt er mich zum zweiten Mal auf den Boden. Bei dieser Aktion falle ich unglücklich auf den Nacken und verrenke mir dabei sämtliche Gräten. Auf jeden Fall habe ich das Gefühl, als ob mir Bud Spencer ein paar Mal auf den Kopf geschlagen hätte. Nach einer dritten Niederlage bitte ich um einen etwas »kleineren« Gegner.

Araja erfüllt mir den Wunsch und stellt mir einen »nur« 120 Kilogramm schweren Brocken hin. Aber ich glaube an mich und hoffe auf eine Chance. Zumindest sieht dieser Kerl nicht unbesiegbar aus. Denke ich jedenfalls. Natürlich weit gefehlt: Dieser Typ ist zwar ein bisschen kleiner als ich, doch, wie sich jetzt herausstellt, ein wahrer Technikgott.

So sehr ich mich auch bemühe, ich komme nicht einmal an seinen Mawashi heran! Und während ich das immer noch verzweifelt versuche, hebt mich dieser Kerl einfach auf seine Schulter und trägt mich aus dem Ring.

Bei der folgenden Revanche kann ich diese Peinlichkeit zwar verhindern, doch unser erbitterter Ringkampf endet für mich mit einem blutenden Ellenbogen und einem aufgeschürften Knie. Er hat mich einfach ausgehebelt und auf den harten Lehmboden geknallt. Ende.

Am Ende gibt's noch das gemeinsame Essen: 10 000 Kalorien verputzt so ein Sumoringer am Tag – ein Durchschnittsmensch isst ein Fünftel davon.

Was für ein Abenteuer! Ich hatte zwar null Chancen, aber dieses Erlebnis war es wert. Ein Sumoringer wird wohl nicht aus mir, aber ich hatte die große Ehre, diesen absolut faszinierenden Sport hautnah kennenlernen zu dürfen. Und habe seitdem einen Heidenrespekt vor diesen Athleten.

AUSTRALIEN

Gefrorenes Nutella

Australische Wahrzeichen

Northern Ter

Ich bin über Sydney nach Alice Springs unterwegs. Plötzlich kommt eine SMS von meinen Kollegen, die ein paar Tage nach Neuseeland geflogen sind, um dort eine Geschichte ohne mich zu drehen. In der Nachricht steht, dass ihr Flug von Neuseeland nach Sydney gestrichen wurde. Wenige Minuten nach meiner Landung erfahre ich, dass die Jungs erst am nächsten Morgen kommen. Ich bin wirklich kaputt und will nach einem kurzen Einkauf in der Stadt nur noch eines – in mein kleines Jugendherbergezimmer. Was für eine Anreise, insgesamt war ich knapp 33 Stunden unterwegs! Ich falle in mein Bett und bin sofort weg. Doch schon um sechs Uhr wache ich wieder auf und kann nicht mehr weiterschlafen: Jetlag.

Gegen halb eins am Mittag kommen die beiden aus Melbourne an. Wir beginnen sofort mit der Arbeit, da wir durch den gestrichenen Flug einen ganzen Tag verloren haben.

Es geht mit dem Mietwagen auf den Stuart Highway, einer Straße, die einmal von Norden nach Süden durch Australien führt – knappe 3000 km durch das Outback. Sie verbindet Port Augusta mit Darwin und mittendrin liegt Alice Springs. Das Outback ist atemberaubend und alle Strapazen wert. Diese rote Erde, die Termitenhügel, die Felsen dazwischen, die trockenen Büsche und mittendrin ein Strich aus Asphalt, auf dem die Hitze flimmert: der Stuart Highway!

Ich habe meinen Führerschein dummerweise zu Hause vergessen, aber für die Kamera muss ich natürlich ans Steuer. Hoffentlich gibt es hier keine strengen Wildhüter. Wir passieren den ein oder anderen »Road Train«. Das sind landestypische Lastwagen, die zum Transport wichtiger Versorgungsgüter Australien kreuz und quer durchfahren und die entlegensten Regionen versorgen. Vor allem genießen wir aber den strahlenden Sonnenschein beim Drehen der Anmoderationen und Landschaftsaufnahmen. Wir filmen, bis die Kamera glüht. Bis abends um sieben klappt alles ganz wunderbar: Da wird es nämlich richtig schwarz. Die Nacht legt sich nach einem wunderschönen Sonnenuntergang ohne jede Wolke über das Land und bedeckt alles mit ihrer Dunkelheit!

Die Lichtkegel der Scheinwerfer kämpfen gegen diese Schwärze an und lassen nur die Straße unmittelbar vor mir sichtbar werden. Plötzlich hüpft ein Känguru mit einem wahnsinnigen Tempo von rechts auf die Fahrbahn! Das geht alles so schnell, dass ich nichts mehr machen kann!

Ich schaffe es lediglich, dem Tier ganz leicht auszuweichen, sodass ich es nicht frontal erwische, dafür stößt es aber mit voller Wucht an die Seite des Wagens. Ein dumpfer Knall ist alles, was ich höre! Was für ein Schock. Ich habe noch nie ein Tier überfahren! Den ganzen Tag über habe ich gehofft, ein Känguru zu Gesicht zu bekommen. Aber nichts, und jetzt habe ich vielleicht eines getötet. Wir fahren zurück zum Unfallort und sehen das Känguru auf der Straße liegen. Die Ohren zucken, doch sonst tut sich nichts! Oh nein, das kann doch jetzt nicht wahr sein! Doch dann steht es, genauso plötzlich, wie es gekommen ist, wieder auf und hüpft davon.

Was für ein Glück. Wenn sich ein Känguru nämlich bei so einem Unfall eines seiner kräftigen Sprungbeine oder den Schwanz, den es zur Fortbewegung auch dringend braucht, verletzt, sind die Chancen, hier im Outback zu überleben, gleich null. Wir haben den Tag über am Straßenrand schon viele Kängurukadaver liegen sehen, es war also nichts Ungewöhnliches, doch mir ist das Ganze schon sehr nahegegangen. Es ist ein merkwürdiges Gefühl, ein so süßes und für uns exotisches Tier anzufahren. Aber anscheinend hat dieses Känguru noch einmal Glück gehabt. Hoffentlich!

Um die Geschichte des Stuart Highways zu vervollständigen, treffen wir uns gegen neun am nächsten Morgen mit einem Road-Train-Fahrer und begleiten diesen auf seiner Fahrt nach Darwin. Er heißt John, ist 60 Jahre alt und macht diesen Job schon seit über 40 Jahren. John ist unheimlich gut drauf, freut sich über unsere Anwesenheit und lacht ununterbrochen.

Er sagt, dass er diesmal nur zwei Anhänger habe, normalerweise haben Road Trains jedoch drei Hänger und
somit eine Länge von bis zu 53,7 Metern. Aber heute
sei es nur eine kurze Fahrt, 400 Kilometer, das sei für
ihn wie zum Bäcker zu fahren. Als er mein erstauntes
Gesicht sieht, fängt er wieder an zu lachen – ein witzi-
ges Kerlchen.

Mit Johns 450-PS-Monster über die Straße zu jagen
macht einfach Spaß. Da hat man wirklich das Gefühl,
unantastbar zu sein, von hier oben sieht alles so klein
aus. Zum Beispiel wenn man an einer Ampel steht, ist
es unmöglich, einen normalen Pkw, der direkt vor ei-

nem steht, zu sehen! Dieser verschwindet einfach hinter der großen Schnauze dieses Trucks. Bei der Fahrt über den Highway sieht es aus, als ob der Truck die gesamte Breite der Straße benötigt.

Wenn hier überhaupt jemand ein Problem hat, dann sind es die anderen. Ich glaube, wenn dieser Truck ein Känguru trifft, merkt der Fahrer das gar nicht. Und das dürfte auch für alle anderen Dinge gelten, auf die dieses Monster trifft – mit Ausnahme anderer Road Trains natürlich.

Zum Abschluss dieser Geschichte sind wir am Nachmittag mit Adam verabredet. Adam ist ein 24-jähriger Backpacker aus München, der seit etwa vier Monaten hier in Australien herumreist und mir als Partner für die letzten Fragen zum Stuart Highway zur Seite steht. Es macht richtig Spaß, Adam ist ein echt netter Typ. Wir fahren bis 21 Uhr durch das Outback und er erzählt von seinen Backpacker-Erlebnissen.

Jetzt müssen wir aber schnell zurück nach Alice Springs, denn im »Bojanges Saloon« wartet schon die nächste Geschichte, das australische Frühstück! Und so gibt es am nächsten Morgen Steak, Speck, Emu-Wurst, gebratene Zwiebeln, Eier auf Toast und eine merkwürdige dunkle Hefe-Paste: »Vegemite«! Die finde ich persönlich ziemlich ekelhaft. Sie riecht nach Bier – was eigentlich nicht schlimm ist – und hat die Konsistenz von halb gefrorenem Nutella! Dabei ist sie salzig und schmeckt, als würde man auf einem Brühwürfel lutschen! Nicht wirklich mein Ding. Für die Australier gilt »Vegemite« jedoch als »the taste of Australia«. Der Premierminister zählt diese Paste, neben etwa dem Sydney Opera House, zu den wichtigsten »cultural icons« Australiens. Wir sind uns nicht sicher, ob wir ihm gerade einen Gefallen tun, denn wir filmen dieses essbare Wahrzeichen – aber unsere Gesichter beim Essen auch.

Der Blitzableiter

Poolparty am Ende der Welt

Western Australia

Bei YouTube ist ein Video zu finden, in dem ein Mann zu sehen ist, der in einem Pool stehend einen Blitz in den Kopf geschossen bekommt. 200 000 Volt! Und es macht ihm anscheinend überhaupt nichts aus. Diesem »Webphänomen« werden wir nun auf den Grund gehen. Der Mann heißt Peter Terren und lebt in Bunbury, an der Westküste Australiens.

Ich frage mich durch die Stadt und bekomme so nach und nach heraus, wo genau dieser Peter Terren wohnt. Wir erreichen das Grundstück, auf dem ein ganz normales Haus steht, und die Frau, die mir öffnet, sieht auch ganz gewöhnlich aus. Ich frage nach dem verrückten »Strom-Stuntman« Peter und sie lächelt. Diese Frage hat sie wohl schon häufiger gehört. Sie sagt: »Mein Mann ist bestimmt wieder in seiner Werkstatt und bastelt herum! Geh einfach zu ihm.«

Peter ist Allgemeinmediziner, ein Arzt mit einem verrückten Hobby: Strom. Er wirkt ein bisschen wie ein zerstreuter Professor. Das Erste, was er mir zeigt, ist eine kleine Koffer-Teslaspule, ein Gerät, das Hochspannung erzeugt und kleine Blitze entstehen lässt.

Zunächst »fangen« wir die Blitze mit einem Metallgegenstand ein, doch nach kurzer Zeit nimmt Peter einfach seine Hand. Ungerührt lässt er den Blitz an dieser kleben und lächelt mich dabei an. Ich will es natürlich auch versuchen, aber ich zucke immer wieder zurück. Das ist wie in einen elektrisch geladenen Weidezaun zu greifen. Vielleicht noch ein bisschen stärker.

Ich versuche es immer wieder und habe es mit der Zeit auch raus, aber ich kann das Ganze nicht so regungslos über mich ergehen lassen wie Peter. Nur so aus Spaß frage ich ihn, ob er das auch mit der Nase oder der Zunge machen kann. Hätte ich mal lieber den Mund gehalten! Überrascht, aber durchaus erfreut antwortet er: »Oh! Das habe ich noch gar nicht ausprobiert. Aber warum eigentlich nicht?!« Mit diesen Worten setzt er sich vor die Teslaspule, nimmt seine Brille ab und lässt die kleinen Blitze nun direkt in seine Zunge einschlagen!

Danach bietet er mir seinen Platz an und rät mir, die Zunge so weit wie möglich herauszustrecken. Es sei ein wenig ungewohnt, aber durchaus interessant. Ich atme einmal tief durch und setze mich. Was habe ich mir da nur eingebrockt?! Ich strecke die Zunge so weit heraus, dass ich wie der Sänger von »Kiss« aussehen muss, und es geht los. Zuckend sucht sich der Blitz den Weg in meine Zungenspitze und klebt dort regelrecht fest. Was für ein Gefühl – so als wenn man seine Zunge an eine Neun-Volt-Blockbatterie hält, um zu testen, ob

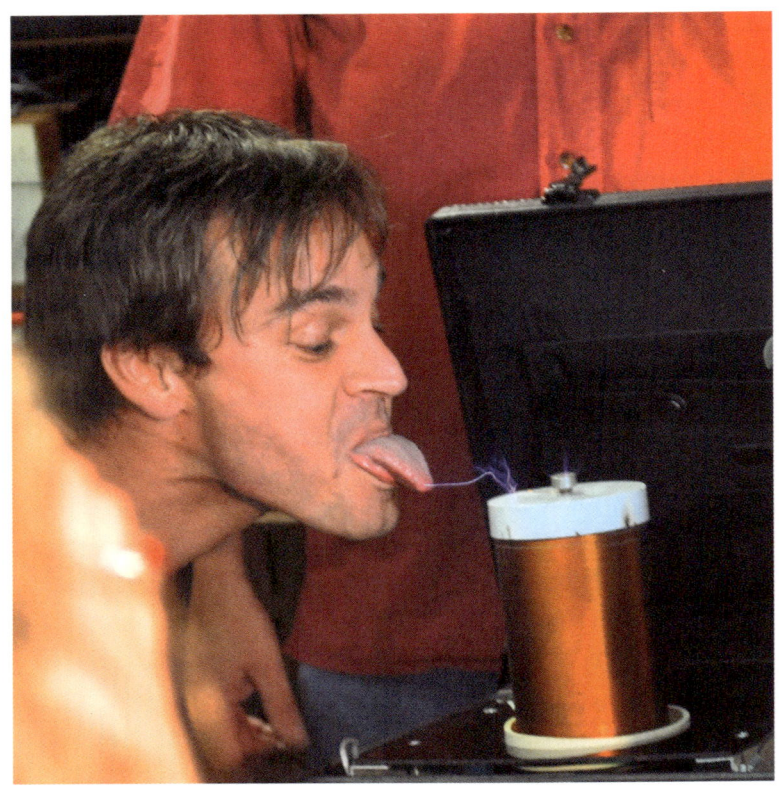

sie noch Saft hat. Das ist ein unangenehmes, kurzes Prickeln, wenn noch etwas in der Batterie ist. Mit dem kleinen Unterschied, dass der Blitz hier an der Zunge klebt. Als es vorbei ist, spüre ich die Zungenspitze für einige Minuten gar nicht mehr.

Als Nächstes zeigt Peter mir die etwas stärkere Maschine. Sie entwickelt bis zu 20 000 Volt, und er sprengt damit jetzt eine Wassermelone. Was für ein Verrückter! Die Wassermelone wird mit einem dünnen Draht durchbohrt und die beiden Enden anschließend an die Supermaschine angeschlossen. Dann ein unglaublicher Anblick: ein lauter Knall und die Wassermelone explodiert in tausend Teile.

Das ist alles schon ziemlich beeindruckend, doch ich bin ja wegen des Pool-Experiments hier. Was ist denn damit? Es heißt doch immer, dass man bei Gewitter nicht ins Wasser gehen soll? Aber Peter macht sozusagen genau das Gegenteil und lässt dann auch noch einen Blitz in seinen Kopf einschlagen. Wie ist es möglich, dass er so was überlebt?

Peter lächelt mich bei all meinen Fragen an und erklärt mir dann seine Vorgehensweise. Er sagt, dass man es bei einem Gewitter wirklich nicht machen sollte, da so ein natürlicher Blitz mehrere Millionen Volt hat. Er arbeitet aber nur mit 200 000 Volt. Sehr witzig, »nur« 200 000 Volt! Das kann doch auch tödlich sein, oder nicht? Er nickt nur, sagt aber, dass er eine Methode entwickelt habe, die den Strom sozusagen um den Körper herum und nicht durch ihn hindurch leite. Ein Helm aus Drähten und Aluminium, der aussieht wie die Kopfbedeckung von Tutanchamun, soll des Rätsels Lösung sein.

Ich glaube es nicht. Er erklärt es mir noch einmal und baut währenddessen seine Teslaspule für dieses Experiment auf. Er legt zum Schluss ein Kabel in den Pool und erklärt mir, dass dies die Erdung sei. Der Strom wird also durch eine über dem Wasser hängende Stange hindurchgejagt, in den Pool geblitzt und durch die Erdung wieder zurück in die Teslaspule geschleust. Der Strom sucht sich immer den Weg des geringsten

Widerstandes. Wenn man also im Wasser steht, so ist das Wasser ein besserer Leiter als der Körper. Schlägt der Blitz ins Wasser ein, so sucht er sich den direkten Weg durch das Wasser zu dem unten liegenden Kabel, der Erdung. Wenn er jedoch einen näheren Gegenstand erreicht, durchdringt er diesen zuerst und geht dann weiter ins Wasser und zurück in die Erdung. Würde man jetzt also ohne diesen Helm vom Blitz getroffen werden, dann könnte das durchaus tödlich enden.

Da der Helm jedoch mit Kabeln und Alufolie versehen ist, die bis weit ins Wasser hineinreichen, geht der Blitz in diesen gut leitenden Helm, von dort aus ins Wasser und dann weiter in die Erdung, aber nicht durch den schlecht leitenden Kopf beziehungsweise Körper!

Das klingt so weit alles ganz logisch, aber bleibt da kein Restrisiko? Peter erwidert mir einfach: »Solange du den Helm nicht abnimmst – nicht!« Mit diesen Worten schlüpft er in seinen Neoprenanzug, setzt sich seinen Helm auf, streift sich einen Kettenhandschuh über, den er mit einer Art Überbrückungskabel verbindet, und geht ins Wasser. »Ich zeige dir erst einmal etwas anderes!«

Seine Frau Jane, die ihm immer bei seinen Experimenten assistiert, schaltet die Teslaspule und die Stromzufuhr ein. Sofort entsteht ein lautes und unangenehmes elektrisches Surren. Dann beginnt es zu knistern und die ersten Blitze schlagen ins Wasser ein.

Peter sieht aus wie ein Pharao oder ein alter Römer mit Helm und Kampfhandschuh. Langsam nähert er sich der über dem Pool hängenden Stange, aus der wütende Blitze ins Wasser zucken. Als er knapp einen Meter neben dieser Stange steht, springt der erste Blitz auf seinen Handschuh über. Peter bleibt, wie immer, cool. Nun steht er direkt unter der immer wieder hell aufleuchtenden Stange und die Blitze schlagen permanent in seinen Handschuh ein, aber ihm passiert nichts. Es ist wirklich unfassbar. Da steht ein Mensch in einem Pool und 200 000 Volt schlagen in seine Hand ein. Jetzt nimmt er die Hand weg und die Blitze schlagen nun direkt in seinen Helm ein.

Was für ein irres Bild! Es sieht im YouTube-Video schon beängstigend aus, aber jetzt kann ich es live sehen. Ich stehe keine vier Meter von ihm entfernt am Rand des Pools und sehe, wie sich ein greller Blitz zuckend wie eine nervöse Schlange an seinem Kopf festsaugt, aber Peter steht kerzengrade da und lächelt mich dabei sogar noch an.

Dann macht er mit seiner behandschuhten Hand ein Zeichen und Jane stellt die Maschine ab. Er kommt auf mich zu und fragt, ob ich es denn nun auch ausprobieren wolle? Ich bin verunsichert und weiß nicht, was ich ihm antworten soll. Mein Chef hat mir vor der Reise gesagt, ich solle selbst vor Ort entscheiden, ob ich das Experiment mitmachen möchte oder nicht. Es stehe mir wirklich frei – natürlich, wie eigentlich alles, was ich für die Sendung mache. Aber auf der anderen Seite wissen alle im Team genau, dass solche Situationen mich reizen.

Natürlich ist meine Neugierde jetzt geweckt, Peter hat es doch auch ganz locker gemacht und es ist ihm nichts passiert, aber was, wenn … Ich überlege. Das

Team schaut mich an und wartet. Dann fälle ich eine Entscheidung und sage: »Ich mache es, Peter! Aber du benachrichtigst meine Freundin und die Familie!« Er lacht und gibt mir einen Neoprenanzug. Als ich mich umgezogen habe, reicht er mir Handschuh und Helm, es kann losgehen!

Mein Herz pocht wie wild. Peter gibt mir letzte Anweisungen: »Jetzt mach alles genau so, wie ich es dir sage. Genau so und kein bisschen anders, verstanden?« – »Ja!« – »Na dann, ab jetzt ins Wasser. Du kannst eigentlich nichts falsch machen, aber es ist wichtig, dass du daran denkst, dass du nur den Arm mit dem Kettenhandschuh aus dem Wasser hältst. Nicht den anderen! Auf dem Kopf hast du den Helm, das ist also kein Problem. Aber die freie Hand ohne Handschuh lässt du immer im Wasser, egal was passiert, O. K.?«

Jetzt geht es also wirklich los. Ich werde das 200 000-Volt-Experiment selbst durchziehen. Peter fragt, ob alles in Ordnung sei, und als ich nicke, gibt er Jane ein Zeichen und das unangenehme elektrische Surren ist wieder zu hören. Es vermischt sich mit dem in meinen Ohren pochenden Pulsschlag. Kurz darauf kommt auch das Knistern, und ich kann die ersten blauen Blitze sehen, die an der Spitze der Stange entstehen.

Ich spüre den Herzschlag in meinem Hals und mein Mund ist staubtrocken. Ich nähere mich der Stange und halte meine Hand mit dem Kettenhandschuh vor mir ausgestreckt. Plötzlich klebt ein Blitz an meinem Handschuh! Er leuchtet so grell, dass ich die Augen zusammenkneifen muss. Ich spüre ein starkes Kribbeln in meiner Hand, halte den Arm aber weiterhin nach oben. Einige Finger beginnen unkontrolliert zu zucken, aber das ist nur unangenehm, nicht schmerzhaft. Ich muss schreien und lachen zugleich. Was für ein komisches Gefühl, als wäre meine Hand eingeschlafen. Ich kann gar nicht mehr aufhören zu lachen und bin jetzt euphorisiert. Peter macht nach ein, zwei Minuten wieder ein Zeichen und Jane fährt die Geräte herunter. Jetzt kommt also der Kopf an die Reihe.

Ich schaue zu Jane, schaue zu der Stange und wieder zurück zu Jane, dann nicke ich. Das Surren erklingt, dann das Knistern. Ich gehe weiter auf die Stange zu. Vor mir schlagen die ersten Blitze in die Wasseroberfläche ein. Ich rücke noch einen Schritt näher und dann noch einen. Plötzlich ist der Blitz weg. Nichts mehr. Aber das Surren und das Knistern sind weiterhin zu hören. Wie merkwürdig. Was ist los? Ist etwas kaputt gegangen?

Plötzlich sehe ich ihn. Er klebt direkt an meiner Stirn, am Drahtvisier meines Helms! Was für ein Schreck, ich kann nichts spüren, überhaupt gar nichts. Einige Minuten lang klebte der Blitz bereits zuckend auf meinem Kopf und ich sehe ihn erst, als er zur Stirnseite des Helmes kriecht. Irre! Wieder muss ich lachen und schreien. Aber anders als beim Kettenhandschuh ist wirklich gar nichts zu spüren.

Mir verrutscht der Helm ein bisschen und verdeckt meine Augen. Automatisch zuckt meine rechte Hand in Richtung Kopf, um den Helm wieder zurechtzurücken. Doch plötzlich meldet sich mein Verstand. Da war doch was … Meine rechte Hand ist die ohne Handschuh, es wäre also ein fataler Fehler, den Helm mit eben dieser Hand zu berühren oder auch nur in seine Nähe zu kommen. Eine kurze Schrecksekunde, die aber außer mir niemand mitbekommen hat.

Am Ende bin ich erleichtert und stolz: Ich bin offiziell Mr. 200 000 Volt!

Dank

Am Ende all dieser wahren und hoffentlich gut zu lesenden und spannenden Abenteuer fehlt nur noch eines:

Ich möchte mich an dieser Stelle ganz herzlich bei meinen Eltern Gerd und Ulli Füllgrabe, meiner Freundin Elena und meinen Freunden Arne und Sylvie, Andi und Janna, Markus und Mona, Stephan, Vlado, Florian und Barbara, Nicole, Joe, Harald, Jeremie und Dragana, Matze, Thömmes, Alex, Markus, Bodman, Jens, Marco, Thomas und all den anderen »Verrückten« bedanken, denn ohne sie hätte ich diese Geschichten gar nicht erst verfasst. Ganz wichtig ist mir aber auch ein großes Dankeschön an die Verantwortlichen im Hintergrund, die all das überhaupt erst ermöglicht haben:

– Merci ProSieben (v. a. Stefan, Olaf, Marion) für diesen wirklich einmaligen Job.
– Danke Christian und Andreas (Chefs Produktionsfirma Maximus Film GmbH).

Denjenigen, die allerdings am meisten unter mir gelitten haben, da sie jahrelang unter extremsten Bedingungen 24 Stunden am Tag mit mir überstehen mussten, möchte ich einen ganz speziellen Dank aussprechen:

Tea, Katja, Luzi, Joachim, Claudia, Kathrina, Nadine, Susanne, Christian und natürlich die »Reiseleitung«: Anja (Maximus Film GmbH).

Mit wem ich aber niemals hätte tauschen wollen, das waren die überragenden Kameraleute. Vor denen ziehe ich noch viel mehr als einfach nur den Hut!

Vielen Dank, Oliver, Jürgen, Carsten, Michael, Bene, Egon, Uwe, Norbert ... Ihr habt mich in all den wirklich schweren und stressigen Situationen »fast« immer gut aussehen lassen – und ich weiß, das war weiß Gott nicht leicht.

Vielleicht kommt ja noch das ein oder andere Abenteuer dazu, wir sind ja noch nicht am Ende ...

Michael Wigge. Ohne Geld bis ans Ende der Welt. Eine
Abenteuerreise. KiWi 1142. Verfügbar auch als 🔲Book

Kann man das schaffen? Ohne einen Cent in der Tasche
von Berlin bis in die Antarktis reisen? Michael Wigge hat
es erprobt: zum Nachmachen nur für Abenteurer mit
sehr viel Humor empfohlen – aber zum Nachlesen ein
Riesenspaß für alle.

»Michael Wigge ist wahnsinnig, mutig und freundlich –
die allerbesten Voraussetzungen für ein gutes Buch.«
Sarah Kuttner

www.kiwi-verlag.de